악은
성실
하다

일러두기
독자의 이해를 돕기 위해 필리핀인들과 나눈 대화 또한 한국어로 옮겼다.

[프롤로그]

국경 너머 경찰이란 이름으로

'필리핀 앙헬레스 최초의 코리안데스크.' 길다고 하면 길고, 짧다고 하면 짧을 필리핀에서의 2년. 내 인생의 그 어느 때보다도 다사다난했던 그 2년을 지나 한국으로 복귀하기 전 가장 먼저 든 생각은 두 가지였다. '살아 돌아가서 다행이다' 그리고 '앞으로 필리핀 방향으로는 소변도 누지 않겠다'. 그 정도로 내게 필리핀은 혹독한 곳이었다.

아흔아홉 번을 잘해도 딱 한 번 실수하면 그 실수로 '한 방에 훅 갈지' 모른다는 생각이 강박처럼 굳어져 마치 암세포처럼 내 몸과 정신을 모두 잠식해 갔다. 흔히 '매 맞는 순간보다 매 맞기 전이 더 두렵다'는 말을 하곤 하는데, 나는 매를 맞게 되는 상황 자체를 만들지 않도록 무던히 노력했다.

좀 더 솔직하게 털어놓자면 필리핀에서의 생활은 총기와 죽음에 대한 두려움으로 얼룩진 시간이었다 해도 과언이 아니다. 빛의 속도로 사람의 생명을 앗아가는 총기를 직접 마주했을 때의 공포는 그동안 내가 막연히 상상하던 것보다 컸다. 물론 그 총구가 아무에게나 향하는 건 아니지만, 적어도 청부살인사건을 조사하고 강력범죄자와 해외도피사범을 검거하는 임무가 주를 이루는 내 경우엔 그 총구가 언제든지 나를 향해도 이상한 일은 아니었다.

그래서 식당에서 밥을 먹을 때도 항상 출입문이 보이는 자리에 앉아 수상한 사람이 출입하지는 않는지 경계했고, 퇴근길 차 안에서도 혹시 뒤에서 오토바이가 따라붙지는 않았는지 확인했다. 1인칭 슈팅 게임처럼 마구잡이로 총을 쏘는 킬러가 활보하고 식사 시간에 갑자기 뒤통수로 총알이 날아들던 일상은 내게 큰 심리적 압박이 되었다. 그렇게 2년을 보내고 나니 한국에 돌아와서도 한동안은 트라우마에 시달렸다. 거리에서 사람들이 지나가면서 주머니를 부스럭거릴 때면 총을 꺼내는 줄 알고 흠칫 놀라곤 했다.

하지만 돌이켜 생각해 보면 암울하고 공포스럽기만 했던 건 아니다. 필리핀 앙헬레스에서 코리안데스크로 보낸 시간은 돈으로도 사기 힘든 값진 경험이기도 했다. 총기에 대한 공포와 죽음이란 두려움을 매 순간 직시하며 내 내면은 한층 더 단단해졌다. 악마보다 더 악마 같은 범죄자들의 행태에 정의감이란 불꽃을 다시 피웠고, 피해자들의 아픔에도 내 일처럼 진실하게 공감할 수 있었다.

2년간 정의감을 몸소 느낀 순간들이 많았던 덕분에 나는 이전보다 내가 더 경찰다워진 것 같다는 자부심도 생겼다. 경찰관의 소명 의식, 즉 '범죄자를 잡아야 한다'는 게 나를 속박해 오던 직업적 굴레를 넘어 경찰로서 내게 주어진 영광스러운 권한임을 깨닫게 된 시간이었다.

앞서 말했듯 나는 2년간 앙헬레스 코리안데스크로 활동하며 자의 반, 타의 반으로 여러 차례 죽음을 목격해야 했다. 코리안데스크가 되기 전만 해도 나는 언젠가 내가 죽는다는 사실을 크게 생각하지 않으며 살았다. 흔히 오랜만에 지인을 만났을 때 "언제 같이 밥 한번 먹자"라고 말하듯 내게 죽음이란 으레 하는 인사치레 같은 것이었다. '사람은 결국에 모두 죽게 되니 나도 언젠간 죽겠지. 하지만 지금은 아니고'라는 식으로 생각하며 죽음을 정면으로 마주해 볼 생각은 전혀 하지 않았다.

의사, 간호사, 소방관, 장의사 등 혹시나 이 책을 읽는 사람 중에 죽음을 마주하는 직업을 가진 사람이 있다면 아마

앙헬레스 CIDG 앞에서(왼쪽 세 번째가 나다.)

한 번쯤 죽음에 대한 고뇌를 해보았을지도 모르겠다. 하지만 나는 경찰관이었음에도 그러지 못했다. 말 그대로 누구에게 나 언제든지 일어날 수 있는 게 죽음이란 사실을 인지하면서 도 '내일 내가 깨어나지 못할 수도 있나?' 하는 의문은 품어 본 적이 없었다. 보통 그렇지 않은가. 당장 오늘 저녁 뉴스에 나온 사망자만 해도 자신이 오늘 죽는다는 사실을 미리 알고 걱정한 사람은 그 누구도 없었을 것이다.

그래서 코리안데스크로서 보낸 필리핀에서의 2년은 내게 '평범한 오늘이 누군가에게는 간절한 내일이었다'는 사실을 뼈저리게 깨닫게 해준 시간이기도 했다. 삶이 유한하다는 사실을 매순간 알려주었고, 그 덕분에 아이러니하게도 앞으로의 내 인생이 훨씬 더 풍요롭고 찬란하리란 믿음도 주었다.

나는 이 책에서 총기 청부살인사건 등 필리핀에서 마주한 여러 사건과 일화를 통해 내가 찾은 삶과 죽음의 의미도 함께 전하고 싶다. 이 책을 읽으며 당신 또한 단 1분이라도 자신의 삶에 대해 진지하게 생각해 보는 순간이 있었다면 책의 저자로서 무척 기쁠 것 같다.

그러면 이제부터 필리핀 앙헬레스에 최초로 파견된 코리안데스크로서 내 사건일지를 펼쳐볼 테니 잘 따라오기를 바란다.

차례

프롤로그　국경 너머 경찰이란 이름으로　　5

 사건일지 01: 불법과 총성이 가득한 곳으로
2015년 봄

[#1-1]　"너 진짜 죽을 수도 있어"　　17
- 인생 최고의 면접　　17
- 너 진짜 죽을 수도 있어　　21
- 필리핀은 처음이라　　25

[#1-2]　앙헬레스: 총성과 부패의 도시　　34
- 3G의 도시　　34
- 누구나 죽일 수 있고, 누구나 죽을 수 있다　　39
- 앙헬레스에 사는 한국인들　　44

[#1-3]　슬기로운 필리핀 경찰 생활　　49
- 앙헬레스 CIDG엔 없는 것　　49
- 복권을 파는 경찰　　54
- 생존이란 호수에 사는 부패한 악어들　　58
- 총 쏘는 민간인 자율방범대　　61

★ : 드라마 〈카지노〉 모티브 사건

 사건일지 02: 코리안데스크의 탄생
2015년 여름 ~ 2015년 겨울

[#2-1] 낯선 땅, 새로운 사건   **69**
○ 새벽 3시의 문자   69
○ 제발 나를 납치해 주세요   79
○ 열한 자리의 숫자가 쏘아 올린 진실   84
○ 죽은 자가 말하는 것   93

[#2-2] 범죄를 기획하는 사람들   **100**
○ 교도소에서의 재회   100
○ 짜인 판 위의 말들   105
○ 범죄를 기획하는 경찰   117

[#2-3] "Who is Mr. Park?" ★   **128**
○ 누가 그를 죽였는가   128
○ 서로 다른 몽타주   142
○ 진짜가 아닐지도 몰라   148
○ 밝혀진 그날의 진실   154

사건일지 03: 삶과 죽음, 그 어딘가
2015년 겨울 ~ 2016년 겨울

[#3-1] 빛이 있는 곳에 어둠도 있나니   **163**
○ 멈춰버린 생을 마주한다는 것   163
○ 한국인 킬러의 위장 죽음   171
○ 죽음이 남긴 한 가지 질문   183
○ 이별이 가르쳐준 것   189

[#3-2] 사탕수수밭에 버려진 시신 ★   **195**
○ 슬픈 예감은 빗나가지 않고   195
○ 총상, 사탕수수밭, 파묻힌 시신 그리고 옷가지   201
○ 단 하나의 진실을 향해서   209
○ 사라진 범인의 행적을 쫓아라   215
○ 경찰 인생 최고의 37일   223
○ 중요한 건 절대 포기하지 않는 마음   235

[#3-3] 경찰로 산다는 것   **244**
○ 범인이 한국인이 아닐 때   244
○ 범인이 경찰일 때   255
○ 정의는 우리에게서 시작한다   266

사건일지 04: 남겨진 것들
2016년 겨울 ~ 2021년 여름

[#4-1] 한국으로 돌아오다   **275**
○ 끝은 시작의 또 다른 이름   275

[#4-2] 검거보다 더 중요한 것   **280**
○ 사람 죽인 놈은 잡아야죠   280
○ 가슴이 시키는 일을 좇는다는 것   286
○ 반드시 이긴다, 이길 때까지 하니까   296

[#4-3] 악은 성실하다   **302**
○ 악을 없애기 위해 악을 쫓는 사람   302

에필로그   삶이란 유한하기에   306

사건 부록   드라마 〈카지노〉 비하인드   311

바비와 마닐라의
순댓국집에서

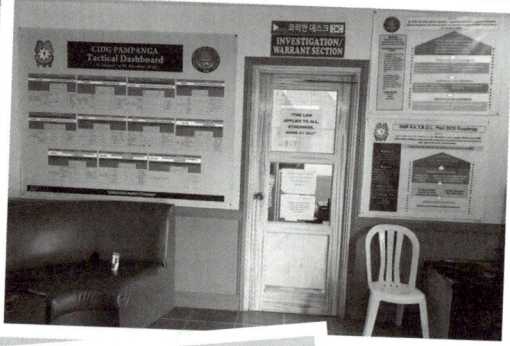

코리안데스크
사무실에서

코리안데스크 · 사건일지 01 · 2015. 봄

불법과 총성이 가득한 곳으로

Korean Desk. Lee | Date. 2015, Spring

#1-1	"너 진짜 죽을 수도 있어"
#1-2	앙헬레스: 총성과 부패의 도시
#1-3	슬기로운 필리핀 경찰 생활

[#1-1]

"너 진짜 죽을 수도 있어"

인생 최고의 면접

'필리핀 앙헬레스 코리안데스크 파견? 이게 뭐지?'

경감으로 승진 후 어느 지방 경찰서에 발령되어 있었던 나는 평소 잘 들어가지도 않던 경찰청 홈페이지의 게시판을 그날따라 아주 오랜만에 접속해 살펴보고 있었다. 그때 마침내 눈동자 안으로 한 파견 공고 게시물이 불쑥 파고들어 오던 참이었다.

경감이라곤 하지만 당시 나는 겨우 6년 차로 이제 갓 초짜 티를 벗어나던 경찰관이었다. 여러 행정 업무와 경찰이란 조직 생활을 거치며 밀린 사건 개수를 줄이기 위한 매너리즘적 노력이 가장 효율적인 직장 생활 방법이라고 생각하고 있을 때였다. 게다가 경찰 조직을 대하는 일부 언론의 태도와 경찰관을 홀대하는 듯한 주위 시선까지 더해져 나는 경찰이란 직업에 회의감까지 느끼고 있었다. 그래서 이 자리를 빌려 이실직고하자면 당시 이 파견 공고는 내게 해외 거주를 무상으로 할 수 있는 달콤한 기회였을 뿐 사건을 해결하겠다거나 재외국민을 보호하겠다는 사명감 같은 코리안데스크의 본질과는 아주 거리가 멀었다.

아무도 모를 이 '불순한 의도'를 품은 채 나는 코리안데스크에 지원하기로 했다. 지금 생각하면 이 운명의 선택이 내 인생의 가장 큰 전환점을 만들었다. 부임 기간이 끝난 지 어느덧 8년이 지났음에도 그때의 기억이 생생하기 때문이다. 그간 한국에서 수년간 경찰로 지내며 보았던 드라마틱한 장면들, 예를 들면 목에 칼을 맞은 피해자에게서 피가 솟구치던 현장이나 교통사고로 피해자의 사지가 일그러져 버린 안타까운 현장과 비교했을 때도 이 2년간의 코리안데스크 생활은 무엇 하나 뒤지지 않을 만큼 여전히 강렬하다.

사실 해외 파견은 경찰 내부에서도 인기가 많아 단번에 합격하는 경우가 거의 없을 정도로 경쟁률이 치열하다. 나이와 경력이 일정 수준에 미치지 못하면 뽑히기가 더더욱 어렵기 때문에 나는 지원서를 접수하는 순간까지도 내 선발 가능성이 0에 가깝다고 확신했다. 그러니 내게는 '다음 도전'을 위한 연습 무대 그 이상도 이하도 아니었다.

지원서를 접수한 뒤 며칠이 지나고, 경찰청에서 외사국장(현재는 국제협력관으로 바뀌었으며, 군대의 소장과 같은 계급이다)이 주관하는 면접이 잡혔다. 면접 대기실에 도착해서 둘러보니 면접자가 나를 포함해 두 명뿐이었다. 면접 진행 담당자가 말하기를 처음엔 다섯 명이 지원했으나 중간에 한 명씩 빠지면서 결국 두 명만 남았다고 했다.

'앗, 뭔가 이상한데……? 이거 잘못하면 되겠는데?!'

불안감이 밀려오던 중 담당자와 다른 지원자가 하는 대화가 들렸다. 아마도 둘은 같은 경찰대학 출신이라 서로 안면이 있는 듯했다. 한편으로는 안심이 되었지만 내정자가 있는, 이미 다 짜인 판이라 다른 사람들이 포기한 것이라고 생각하니 짜증이 나기도 했다. 합격을 바란 건 아니었지만 그래도 들러리가 된 기분을 영 지울 수 없었다.

면접이 끝나고 난 뒤 단 두 가지 질문을 받았던 순간만이 계속해서 생각났다.

"필리핀에서 여유 시간이 생기면 자네는 뭘 할 생각인가?"

"최근에 골프를 배우기 시작해서 시간 나면 골프를 칠 생각입니다."

"이번 코리안데스크 파견은 최소 2~3년이네. 결혼 적령기 같은데, 괜찮겠는가?"

"저는 아직 결혼할 생각이 없습니다."

나와는 다르게 또 다른 지원자는 다소 떨리는 음성으로 듣기 좋은 모범 답안을 쏟아냈다. 외사국장은 눈썹을 치켜뜨고 최악의 답변만 쏙쏙 골라서 말하는 나를 보더니 고개를 갸우뚱거렸다. 그는 곧 실소를 뿜으며 한마디 던졌다.

"거참, 이상한 놈일세?"

나는 면접 내내 당당하게 임했지만 완벽하게 면접에서 떨어졌다고 직감했다. 그래서인지 면접이 끝나니 속 시원했다. 오히려 내 인생 최고의 면접이라고 생각했을 정도였다. 그 누가 면접에서 솔직한 마음을 100퍼센트 쏟아내며 하고 싶은 말을 다 할 수 있겠는가.

"아니 시간 나면 골프를 치겠다고 말씀하시면 어떡해요!"

면접이 끝난 내게 담당자가 다가오며 핀잔을 주었다. 하지만 나는 상관없었다.

그렇게 하루가 지나고 다음 날이 되었다. 그날은 소개팅이 있는 날이었다. 즉 내게는 어제보다 더 중요한 날인 것이다.

퇴근 후 옷을 갈아입고 약속 장소로 나가려는데 전화가 왔다.

"이번 필리핀 앙헬레스 코리안데스크에 선발되셨습니다. 2주 뒤 출국이니 준비해 주세요."

너 진짜 죽을 수도 있어

'어라? 이게 아닌데……?'

응당 합격이라 하면 좋은 소식이겠지만, 이렇게 생각지도 못한 합격 소식을 들으니 '멘붕'이었다. 합격 전화를 끊자마자 외사국(현재는 국제협력관)에서 근무하던 동기에게 급하게 전화가 왔다.

"야! 이번 필리핀 앙헬레스 코리안데스크가 너라며?! 왜 나한테 미리 안 물어봤어! 너 거기 가면 진짜로 총 맞아 죽을 수도 있다고!"

도대체 앙헬레스가 어떤 곳이기에 이렇게나 호들갑인지. '앙헬레스'를 검색해 보니 언론 기사들엔 온통 총기 청부살인사건 이야기뿐이었다. 몇 달 전에도 총기 청부살인사건이 발생한 터였다. 자세히 살펴보니 거의 몇 달에 한 건 수준으로 사건이 터지는 듯했다. 충격적이었다.

사실 필리핀은 전 세계에서 한국인 피살 비율이 가장 높은 국가다. 외교부 자료에 따르면 2011~2021년까지 약 10년간 전 세계에서 227명의 한국인이 피살되었는데, 그중 필리핀에서만 예순다섯 명이 피살당했다고 한다. 이는 단일국가로는 1위며, 전체로 보면 무려 30퍼센트에 이르는 수치다. 이 당시에도 이미 매년 10여 명의 한국인이 필리핀에서 피살되고 있었고, 그중 50퍼센트 이상의 한국인 살해사건이 앙헬레스에서 발생한 사건이었다.

게다가 필리핀은 중국에 이어 두 번째로 해외도피사범이 많은 국가였고, 심지어 집에서 수제로 불법 총기를 만드는 일도 비일비재했다. 이렇게 만들어진 불법 총기가 100만 자루 이상 유통되고 있다고 추산되기도 했다. 그래서 필리핀에서 발생하는 대다수의 범죄 또한 총기 관련 범죄들이었다(참고로 필리핀 국민은 합법적으로 총기를 소유할 수 있다).

면접 전 지원을 취소한 세 명도 필리핀에 관한 이 무시무시한 정보들을 미리 간파하고 빠져나간 것이었다. 동기와 오랜 시간 통화하며 이야기를 들어보니 필리핀 전역에서 피살사건 등 한국인을 둘러싼 강력사건들이 끊이지 않아 여론이 악화되자 경찰청에서 이미 한 차례 한국 경찰관을 필리핀 마닐라에 파견했는데, 그게 바로 '코리안데스크'라고 했다. 이번 코리안데스크 모집 공고는 그런 강력사건이 가장 집중적으로 발생하는 앙헬레스에 추가로 파견할 사람을 뽑는 공고였던 것이다.

앙헬레스에 가면 진짜로 총 맞아 죽을 수도 있다는 동기의 말이 머릿속을 떠나지 않았다. 총기를 든 킬러가 '자신감 넘치게' 청부살인을 저지를 수 있는 곳. 하지만 그런 청부살인 사건들이 단 한 건도 해결되지 않은 곳.

갑자기 영화 속 킬러들을 쫓던 형사가 총에 맞아 살해당하는 장면이 떠올라 고개를 휘휘 저어 날려 보냈다. 항간엔 앙헬레스 파견이 매우 위험한 일이기 때문에 미혼 남성이 적합하여 내가 뽑혔다는 소문이 들리기도 했다. 혼자라서 의문의 사고가 나더라도 수습이 편하다는 말인가…….

동기와의 통화가 끝나자 이번엔 외사국에 근무했던 다른 선배에게서 전화가 왔다.

"이번에 앙헬레스 간다면서? 거기 가면 죽어."

이제는 "죽을 수도 있어"가 아니라 "거기 가면 죽어"다. 경고 수위가 더 높아졌다. 가뜩이나 심란해 죽겠는데, 이런 이야기만 들으니 마음이 쪼그라들기 시작했다. 누군가에게 죽음의 경고를 듣는 일이 이렇게 고통스러운 일이었다니. 감정적 협박이 아니라 객관적 가능성에 기반을 둔 경고였기에 더욱 괴로웠다. 동료 경찰관들에게서 듣는 경고인 만큼 가볍게 웃어넘길 문제도 아니었다.

다음 날 본청에서 파견에 필요한 물품들을 준다는 연락을 받고 경찰특공대에 갔다. 그곳에 가니 권총이나 장총을 방어하기 위한 방탄복 두 벌과 방탄 헬멧을 쥐여주었다. 방탄용품들을 손에 드니 그때야 내가 잊고 있던 사실이 떠올랐다. 해외에서는 한국 경찰에게 수사권이 없었다. 다시 말해 필리핀에 던져진 내게는 총을 맞으면 죽음은 면해줄 방탄복과 헬멧만이 있을 뿐 총에 맞기 전에 먼저 제압할 수 있는 수갑, 총기, 테이저 따위는 없다. 내 등 뒤를 지켜줄 동료는 더더욱 없다.

파견을 포기하겠다고 말하는 게 좋을지 진지하게 고민되었다. 경찰청 내부에서도 앙헬레스는 가본 사람을 찾기 어려운 미지의 세계였다. 하지만 내게 주어진 시간이라곤 단 2주뿐이었다. 그 어느 때보다도 빠른 결단을 내려야 했다.

파견일이 점점 다가오자 진짜 죽을 수도 있다는 걱정이 온몸을 잠식했다. 일주일 만에 몸무게가 5킬로그램이나 빠지고, 안색은 날이 갈수록 퀭해졌다. 몇 날 며칠을 아무리 생각해도 굳이 이런 큰 위험을 감수하고 해외 파견을 가는 게 합리적이지 않았다. 하지만 늘 그랬듯 자존심이란 녀석이 나를 붙잡았다. 여기까지 왔는데 무섭다고 파견을 포기한다면 세상 못난 사람이 될 것만 같았다.

나는 필리핀 마닐라에 파견되었다던 코리안데스크와 통화해 보기로 했다. 그는 심란한 내 속을 아는지 모르는지 필리핀에서는 쉴 때 할 일이 없다며 골프백을 가져오라고 조언했다. 하지만 그 조언이 나름 유쾌해서 오히려 마음이 평온해졌다.

'그래, 필리핀도 다 사람 사는 곳이야!'

그렇게 2주간의 강제 다이어트를 끝내고 나는 두 개의 이민 가방과 함께 필리핀으로 떠나는 비행기에 올랐다. 비행기가 이륙한 뒤 창문 밖으로 한국의 땅과 바다가 멀어지는 모습이 보였다.

'근데 다시 한국에 돌아올 순 있겠지……?'

필리핀은 처음이라

"너 앙헬레스 가면 진짜 총 맞아 죽을 수도 있어!"

야속하게도 동기의 말은 잊을 만하면 계속해서 떠올랐다.

그와 별개로 그곳에 도착하면 앞으로 어떻게 일해야 할지도 막막했다. 코리안데스크가 생긴 지 얼마 되지 않았기 때문에 아직 코리안데스크의 활동 규칙이나 활동 범위 등이 제대로 정립되어 있지 않았다. 수갑도 못 쓰고 동료도 없는데, 공권력마저 없으니 어떻게 스스로를 보호하며 사건을 조사하고 처리해야 할지 비행기 안에서 고민은 점점 깊어만 갔다.

참고로 코리안데스크가 필리핀의 경찰서에서 근무하는 것과 달리 경찰 영사(경찰 해외 주재관)는 필리핀 내 한국인의 안전을 위해 외교관 신분으로 대한민국 대사관에 일시적으로 파견된 경찰관이라 대사관에서 근무한다(필리핀에 파견된 우리나라 경찰 영사는 모두 세 명이다). 수사 공조나 범죄자 검거를 담당하는 코리안데스크가 공격수라면, 경찰 영사는 해외에 체류하고 있는 한국인들이 해당국에서 불이익을 받지 않도록 외교적 노력을 다하는 수비수라고 할 수 있다.

다만 과거에 앙헬레스를 담당했던 한 경찰 영사가 그곳 조직폭력배들에게 악성 민원 테러를 당해 강제로 귀국한 뒤 검찰 수사를 받고 징계를 받은 일도 있었는데, 그 일 때문인지 필리핀 현지 교민들 사이에서는 이번에 앙헬레스에 새로 파견될 신규 코리안데스크를 둘러싸고 많은 관심과 우려를 표하고 있었다.

"필리핀에 오신 걸 환영합니다!"

드디어 도착한 필리핀 마닐라국제공항. 훅 몰려오는 뜨겁고 습한 공기를 헤치고 3년 전 파견되었다던 마닐라 코리안데스크가 얼굴이 새까맣게 탄 채 마중을 와주었다.

그와 함께 호텔로 이동하는 차 안에서 나는 처음으로 제대로 된 필리핀의 실상을 마주했다. 꽉 막힌 도로를 요리조리 피해 다니는 오토바이, 길 한가운데서 비쩍 마른 아이를 안고 구걸 중인 여성, 정차한 순간 갑자기 차창을 두드리며 팔 물건을 들이미는 남성, 동시에 갑자기 차 앞유리를 수건으로 닦아대는 사람들까지. 처음 마주한 낯섦이 공포로 변모한 나머지 나는 누군가 가까이 다가오는 것만으로도 소스라치게 놀라곤 했다.

우여곡절 끝에 호텔에 무사히 체크인한 뒤 주필리핀 대한민국 대사관의 경찰 영사들과 함께 저녁을 먹기로 했다. 한식당으로 향하며 최고참 경찰 영사가 내게 물었다.

"그래, 자네는 올해 나이가 몇인가?"

"서른셋입니다."

내 대답에 그의 미간이 살짝 찌푸려지는 게 보였다. 나중에 알게 된 사실인데, 앙헬레스는 필리핀에서도 아주 위험한 곳이니 이곳에 파견할 신규 코리안데스크는 반드시 베테랑 형사로 보내야 한다고 경찰청에 강력하게 주장했던 사람이 바로 이 사람이었다. 그는 새파란 애송이인 내가 신규 앙헬레스 코리안데스크로 온 걸 보고 경찰청에 항의 전화까지 했다고 한다.

한식당에서 한 차례 식사가 끝나고 잠깐 밖으로 나와 긴장했던 몸을 추스르며 담배를 하나 꺼내 무는데, 갑자기 필리핀인들이 내 주변을 어슬렁거리기 시작했다. 그들은 제복을 입고 있었지만 경찰은 아닌 듯했다. 하지만 손엔 장총을 들고 다가오고 있었다. 화들짝 놀란 나도 눈을 번쩍 뜨고 사방을 경계했다.

사실 필리핀에서 생활하면서 나 역시 주변인들에게 이런 질문을 참 많이 받았다.

"식당 앞에 총을 차고 있는 저 사람들은 경찰인가요?"

"저 총은 진짜 총이에요?"

결론부터 말하자면 그들은 경찰이 아닌 경비업체 소속 직원들이고, 총은 진짜 총이 맞다. 하지만 그들을 크게 두려워할 필요는 없다. 대다수는 무장 강도가 들이닥쳐 총격전이 발생하기라도 하면 제일 먼저 도망갈 테니 말이다.

식사를 마치고 호텔로 돌아가는 길엔 한 무리의 여성들이 마사지를 받고 가라며 우리에게 접근해 호객 행위를 했다. 그런데 문득 한 여성에게서 약간 이질감이 느껴졌다. 분명 복장과 화장한 얼굴 모두 여성 같았는데, 이목구비와 체형을 자세히 보니 남성이었다.

필리핀에서는 이 같은 여장남자를 '빠끌라bakla'라고 부른다. 공개적으로 자신을 빠끌라라고 밝힌 사람도 많고, 사회적으로도 빠끌라를 구성원으로서 당연하게 받아들이는 분위기다. 국가가 그들을 차별 없이 포용해 준 덕분에 이 사람들도 자신의 정체성을 자신 있게 밝힐 수 있었던 건 아닐까.

처음 본 빠끌라의 모습에 약간 문화적 충격을 받은 나는 문득 필리핀에 왜 이런 사람들이 많은 건지 궁금해졌다. 혹시 우리나라도 사회적으로 이런 분위기가 형성되어 있었다면 누구나 자신의 정체성을 조금은 편하게 드러낼 수 있지 않았을까, 하는 생각도 잠시 했다. 아무튼 이렇게 필리핀에서의 첫날밤이 나름대로 무사히(?) 지나고 있었다.

2일 차부터는 필리핀 내 기관들을 방문했다. 그중에서도 특히 경찰청과 이민청은 아주 중요한 파트너다. 한국인이 대상인 강력사건을 수사할 때는 필리핀 경찰과 공조해야 하고, 해외도피사범을 검거해 국내로 송환하는 일은 이민청이 전권을 쥐고 있기 때문이다. 두 기관과 관계를 잘 구축해 놓아야 하니 본격적인 업무를 수행하기에 앞서 추후 업무 협조를 받아야 할 수도 있는 사람들을 만나 인사하기로 했다.

필리핀 경찰청에서는 먼저 내가 앙헬레스에서 근무할 부서인 CIDGCriminal Investigation and Detection Group(범죄수사국)를 방문해 그곳의 CIDG 대장을 만났다. CIDG는 우리나라로 치면 수사를 전문으로 하는 광역수사대 같은 부서다. 그 다음엔 AKGAnti-Kidnapping Group(납치수사국)를 방문했는데, 한국과 달리 필리핀에는 납치사건이 많아 이를 별도로 전담하는 부서가 있다는 점이 특이했다. 납치수사국의 팀장에게 이제 곧 앙헬레스에 간다고 하자 묘한 반응을 보였다.

"아이고, 불쌍해서 어쩐대? 거기 엄청 위험한 곳인데. 안 됐네, 그래도 몸조심하고."

겨우 떨쳐낸 불안감이 다시 스멀스멀 올라오는 걸 느끼며 경찰청 사람들과 인사를 마친 뒤 이민청으로 향했다.

"거기 바비라고 팀장 한 명 있는데, 돈도 엄청 밝히고 굉장히 까탈스러워요."

마닐라 코리안데스크는 이민청의 바비라는 팀장에 대해 이렇게 한 줄로 평가했다. 그의 말을 떠올리며 이민청 사무실에 들어서니 비교적 밝은 피부에 안경을 쓰고 약간 통통한 사람이 비릿한 미소를 지으며 나를 쳐다보고 있었다. 그가 바로 바비였다.

까탈스럽다는 말을 들어서인지 첫인상부터 왠지 호감이 가지 않았다. 바비는 내게 인사하며 자신의 허리춤에서 갑자기 총을 꺼냈다. 그러고는 탄창을 빼 비어 있는 총을 여러 번 장전하고 두어 번 발사하더니(총알이 들어 있지 않음을 보여주는 행동이다), 내게 건네며 한마디했다.

"제리코 941."

그는 자신의 총이 제리코란 이스라엘 브랜드에서 만든 총이라며 자랑하듯 말했다(하지만 나는 이게 대체 어느 나라 인사법인 건지 아직도 이해되지 않는다). 첫 만남이니 다소 어색하게 총을 건네받았다. 한국에서는 굉장히 오래된 리볼버 같은 자동권총만 만져보았고, 이런 피스톨권총은 처음이었다. 나는 바비에게 총을 다시 돌려주었다.

'애증의 바비.' 나는 코리안데스크로 생활하며 그를 종종 이렇게 불렀다. 그는 해외도피사범 검거를 전담하는 이민청의 FSU Fugitive Search Unit(도피사범추적팀) 팀장이다. 앞서 말했듯 국적 불문, 필리핀 내 모든 해외도피사범의 검거와 송환은 FSU에서 관장한다. 다시 말해 필리핀에서 이러한 일을 하는 팀은 바비의 팀, 딱 한 팀만 있다는 말이다.

바비와 한국 경찰청 인터폴 사무실에서(위)
바비와 마닐라의 순댓국집에서(아래)

즉 바비가 출동해 주지 않으면 해외도피사범을 검거할 수 없었기 때문에 그는 이미 전 세계 경찰 당국과의 관계에서 자신이 갑의 위치에 있음을 철저히 인식하고 있었다. 그래서 우리나라뿐 아니라 미국이나 중국 등에서도 '바비 모시기'에 혈안이 되어 있었다. 그러나 바비는 기가 막히게 '갑질'을 잘했고, 그만큼 또 어마어마하게 잘 삐쳤다. 게다가 유리처럼 아주 섬세한 감성의 소유자기도 해서 여간 대하기 어려운 사람이 아니었다.

하지만 나는 나중에 이 애증의 바비와 절친한 형제 같은 사이가 되었다. 그래서 주변에서 바비에게 업무 협조를 요청해야 할 때 나를 통해 부탁할 정도였다. 코리안데스크 활동 기간이 끝난 뒤엔 한국에 놀러 온 바비와 함께 회도 먹고 곱창도 먹었던 좋은 기억이 있다. 비록 그와의 첫 만남은 어려웠지만 바비는 코리안데스크 생활, 아니 내 삶에 없어서는 안 될 아주 중요한 존재가 되었다.

[#1-2]

앙헬레스:
총성과 부패의 도시

3G의 도시

'인터폴 적색수배자'라는 말을 들으면 무엇이 떠오르는가? '인터폴Interpol'은 국제형사경찰기구로, 전 세계 경찰 당국 간 협력과 국제범죄 수사 공조를 목적으로 설립된 국제기구다. 인터폴은 목적에 따라 수배 등급을 나누는데, 그중 하나인 '적색수배'는 신병 인도가 요구되는 범죄자의 소재를 특정하고 체포하기 위해 내리는 등급이다. 말만 들으면 살인 같은 강력범죄를 저지른 극악무도한 자들이 떠오를지도 모르겠다. 실제로 범죄자들 사이에서도 적색수배가 마치 엄청난 훈장처럼 여겨지는 것 같기도 하다.

"앙헬레스에 가면 '물 반 고기 반'일 거다."

앙헬레스로 출발하기 전 대한민국 대사관에서 경찰 영사 중 한 명은 내게 인터폴 적색수배자 명단을 건네며 이렇게 말했다. 작은 도시지만 인터폴 적색수배자가 바글거린다는 의미였다.

맨 처음의 질문에 결론부터 말하면 적색수배자라고 해서 모두가 극악무도한 범죄자들인 건 아니다. 특히 우리나라는 다른 국가에 비해 해외도피사범의 비율이 높아서 인터폴 적색수배가 상대적으로 많이 내려지는 편이다. 달리 말하면 단순 절도범이나 피해 금액이 2000만~3000만 원 정도 되는 규모의 사기범이라도 해외로 도피했다면 적색수배자가 될 수 있다. 실제로 우리나라 적색수배자의 70퍼센트가 사기범이니 인터폴 적색수배자라고 해서 아주 극악무도한 사건을 일으킨 범죄자들만을 생각할 필요는 없는 것이다.

하지만 경찰 영사에게 적색수배자의 검거와 국내 송환 절차에 대한 설명을 듣다 보니 머릿속이 복잡해졌다. 적색수배자를 발견하면 한국의 경찰청에 보고해야 하고, 내 보고를 받은 경찰청이 다시 주필리핀 대한민국 대사관에 협조를 요청해야 한다. 협조 요청을 받은 대한민국 대사관은 필리핀 현지 기관들에 다시 협조를 요청해야 하고, 그다음에야 적색수배자 검거 일정을 조율할 수 있다. 게다가 국내로 송환이라도 하려면 따로 별도의 협의 과정을 거쳐야 하며, 그 뒤로도 복잡한 절차들이 뒤따랐다.

'진짜로 적색수배자를 발견하면 언제 이렇게 다 처리하고 있나…….'

한국 같았으면 구속영장 받아서 검거하고 조사하면 끝인 걸 이건 절차가 하도 많아서 한 명이나 제대로 검거할 수 있을지 의문이었다. 그럼에도 한국 경찰은 대한민국 여권처럼 전 세계적인 활동이 보장된 초월적 존재가 아니기 때문에 필리핀 경찰 당국과의 협업이 필수였다. 가끔 언론에서 경찰이 일부러 인터폴 적색수배자 검거에 늑장을 부린다는 비판 기사를 볼 때가 있었는데, 직접 현장에 와서 보니 생각보다 수배자 검거는 그리 간단한 문제가 아니었다.

이 외에도 경찰 영사와 여러 이야기를 더 나누었다. 앙헬레스 코리아타운의 한식당에 가면 손님 열 명 중 적어도 한 명은 적색수배자일 수 있다는 우스갯소리부터 적색수배자들을 절대 가볍게 여기면 안 된다는 살벌한 조언까지, 해외도피사범들이 전 세계에서 두 번째로 많이 선택하는 국가답게 필리핀에서 적색수배자는 몇 시간이고 대화할 수 있는 이야깃거리였다.

"앙헬레스로 갈 차가 도착했습니다. 이제 이동하시죠."

마치 남 일(?)처럼 흥미롭게 이야기를 듣던 중 사무실 문을 열고 들어오는 대사관 직원의 한마디에 내 기분은 다시 바닥으로 곤두박질치며 시무룩해졌다.

지난 시간 그토록 나를 괴롭혔던 앙헬레스. 앙헬레스는 필리핀에서도 마닐라, 세부에 이어 한국인이 세 번째로 많이 사는 곳이다. 약 2만 명 정도 살고 있다고 알려져 있다. 사실 앙헬레스는 미국의 도시인 '로스앤젤레스Los Angeles'의 '앤젤레스'와 같은 철자다. 한국어로는 '천사들'이라는 뜻인데, 보통 영어로 '에인절스Angels'라고 하지만, 스페인어의 영향으로 필리핀에서는 앙헬레스라고 부르게 되었다.

고속도로를 빠져나간 차는 곧 외곽 지역에 들어섰다. 마닐라 도심 풍경과는 사뭇 다른 허름하고 낮은 건물들, 길가에 쌓인 쓰레기 더미들이 보이더니 금세 도로의 차선이 사라졌다. 차선도 사라진 마당에 신호 체계가 제대로 존재할 리 없다. 무질서하게 길을 가르며 달리는 수많은 오토바이와 트라이시클(삼륜 오토바이), 지프니(버스와 지프차 중간 형태의 이동 수단), 멍한 눈으로 길바닥에 그냥 앉아 있는 사람들…… 그렇다. 나는 지금 앙헬레스에 도착한 것이다.

사람들은 흔히 앙헬레스를 '3G의 도시'라고 불렀다. 3G는 바로 '여성(Girl)' '카지노(Gambling)' '골프(Golf)'의 앞 글자 G를 말한다. 그래서 이곳은 남성들이 더 선호하는 곳이기도 한데, 실제로 인천국제공항에서 앙헬레스행 비행기를 타면 많은 경우 승객의 95퍼센트가 남성이다.

그뿐 아니라 1970년대에 유명했던 조직폭력배 '양은이파'의 두목, 조양은도 한때 앙헬레스에 터를 잡고 있었을 만큼 한국 조폭에게 사랑받던(?) 도시기도 하고, 카지노가 많아 '마지막 한 방'을 노리는 검은 욕망이 곳곳에서 들끓는 도시기도 하다. 오죽하면 '앙헬레스는 필리핀의 마지막 정착 도시다'라는 말까지 있을 정도다.

유흥가 같은 곳을 지나 코리아타운을 거쳐 호텔에 가는 동안 흥미로운 광경들도 보였다. 누가 3G의 도시 아니랄까 봐 길에 돌아다니는 사람 중 지금까지 내가 본 90퍼센트의 사람들이 남성이었고, 대부분 나이 많은 남성들이 손녀뻘은 될 법한 여성들을 동반하고 있었다. 어느 카지노 앞에서는 한국인 중년 남성들이 딱 봐도 20대 초반밖에 안 되어 보이는 필리핀인 여성들을 옆에 두고 줄담배를 피워대고 있었다. 간혹 한국인으로 추정되는 여성들도 보였지만, 그런 경우엔 대부분 골프웨어를 입고 있었다.

나중에 들어보니 필리핀에서 유흥업소가 가장 많이 밀집된 곳이 또 앙헬레스란다. 실제로 이곳의 가장 유명한 거리인 워킹스트리트만 해도 여성 접대부가 즐비한 유흥업소들이 불과 1킬로미터 근방에 100여 곳 넘게 있을 정도다. 이곳에 사는 사람들에게는 익숙할 풍경이 내게는 너무나도 낯설었다. 수많은 적색수배자, 카지노, 검은 욕망……. 내게 앙헬레스는 한 단어, 아니 3G 같은 세 단어로도 정의하기 어려운 곳이었다. 앙헬레스에서 매일같이 사건이 터지는 것도 어쩌면 필연적인 일일지 모르겠다는 생각이 스쳤다.

누구나 죽일 수 있고, 누구나 죽을 수 있다

앙헬레스는 필리핀에서도 특히 독특하고 기괴한 분위기를 자아내는 곳이다. 그래서인지 글로벌 OTT 플랫폼인 디즈니+에서 공개된 드라마 〈카지노〉와 2024년 개봉한 영화 〈범죄도시 4〉도 모두 앙헬레스가 배경이다. 참고로 〈카지노〉는 내가 시나리오 제작에 직접 참여했을 뿐 아니라 배우 손석구가 열연한 코리안데스크, 오승훈 경감의 캐릭터를 만들 때도 나를 모티브로 했다.

앞서 말했지만, 앙헬레스는 세계 최고의 한국인 피살률을 보이는 필리핀에서도 절반 이상의 비중을 차지하는 곳이다. 그만큼 길거리 한복판에서도 총기 살인이 자주 발생하는데, 킬러를 고용한 청부살인이 대부분이다. 코리아타운만 하더라도 실제로 어떤 한국인이 훤한 대낮에 코리아타운의 어느 식당에서 삼겹살을 구워 먹다가 뒤통수에 총을 맞아 죽었고, 또 다른 한국인은 호텔을 나와 길을 걸어가던 중 킬러에게 총을 맞아 죽었다.

킬러가 자행한 이 살인들에 현금을 강탈하려고 했다든지 하는 살해 동기 따위는 없다. 범인이 잡혀 사건이 해결된 적도 없다. 그래서 앙헬레스에서 발생한 사건이 다른 곳에서 발생한 사건보다 더 허망하고 두렵게 느껴지기도 했다.

현재는 앙헬레스에 청부살인이 하도 판을 치다 보니 그와 관련한 신종 피싱 범죄까지 등장한 상황이다. 앙헬레스의 한 교민은 모르는 사람에게 '당신을 죽이란 청부살인 의뢰를 받았다'는 문자를 받기도 했는데, 우습게도 그들은 돈을 많이 주면 그 의뢰를 실행하지 않겠다고 제안했다.

만약 한국에 사는 우리가 그런 문자를 받았다면 "에이, 스팸문자네" 하고 그냥 웃어넘길지도 모른다. 그러나 이곳은 대낮에 평화롭게 점심을 먹다가도 총에 맞아 죽을 수 있는 곳이다. 혹시나 필리핀의 총기 문화와 앙헬레스 특유의 분위기를 아는 사람이 있다면 문자를 받는 즉시 잠 한숨 자지 못했다는 말을 이해할 것이다. 다행히 그 교민의 일도 해프닝으로 끝나긴 했지만, 앙헬레스에서 '청부살인'이라는 말은 그만큼 위험한 말이었다.

한편 앙헬레스를 비롯해 필리핀 전역에서 한국인을 대상으로 한 청부살인사건이 많이 발생하다 보니 이 틈을 타 자살하려는 사람들까지 앙헬레스를 많이 찾을 정도다. 처음 들었을 때만 해도 가히 충격적인 이야기였지만, 안타깝게도 사실이었다.

내가 코리안데스크로 활동할 때 앙헬레스 유흥가에 있던 한 객실에서 한국인 한 명이 머리에 총을 맞아 사망했다는 신고를 받은 적이 있었다. 호텔 측은 여행객이었던 사망자가 체크아웃 시간이 지나도록 나오지 않아 방을 찾아가니 문이 잠겨 있었고, 마스터키로 문을 열고 들어갔을 때는 이미 그 사람이 오른손에 권총을 쥐고 침대에 누워 죽어 있는 상태였다고 설명했다.

객실을 조사해 보니 외부에서 침입한 흔적은 없는 듯 보였다. 사망자의 손에서 화약 반응이 검출된 걸로 봐서 그는 이

방에서 스스로 삶을 끝낸 것 같았다. 처음엔 왜 굳이 먼 타국까지 와서 자살한 건지 이해가 되지 않았다. 하지만 시간이 지나며 이런 사건이 꽤 많다는 사실을 알게 되었다.

어떤 사람은 총이 고통을 덜어줄 것이라고 생각해 자살 수단으로 많이 사용된다고 했다. 그래서 한국에서는 구하기 어려운 총기를 쉽게 손에 넣을 수 있는 가장 가까운 국가인 필리핀이 그들의 최적의 선택지가 된 건 아닐까.

자살사건이 나와서 말인데, 자살을 타살로 위장하려 했던 사건도 있었다. 한 가정의 아버지였던 그는 필리핀에 죽으러 오기 전에 엄청난 수의 사망보험에 가입했다. 그러고는 이곳에 와서 자신을 살해해 달라며 청부살인을 의뢰했다. 자살하면 사망보험금이 나오지 않으니 타살로 위장하려 했던 것이다. 아무래도 필리핀에서는 청부살인이 빈번하게 발생하다 보니 국내 보험사에서도 자신의 사인死因을 쉽게 받아들일 것이란 계산이 깔려 있었던 듯하다. 물론 이는 어디까지나 내가 한 추정일 뿐이지만.

이뿐만 아니라 앙헬레스는 3G의 도시답게 카지노와 성매매를 기반으로 돈이 도는 곳이다 보니 자연스레 경찰 내부의 부패 역시 그 역사가 굉장히 깊었다. 그들은 필리핀 내 다른 지역의 경찰보다도 더 거칠었다. 게다가 그들 사이엔 언제나 호시탐탐 돈을 갈취할 기회를 노리는 암묵적인 분위기도 깔려 있었다. 심지어 한 번은 CIDG의 한 경찰관에게 이런 말을 듣기도 했다.

"앙헬레스는 필리핀 경찰이 돈을 벌 수 있는 중요한 곳이기도 해."

실제로 앙헬레스엔 많은 경찰관이 '청부살인의 총잡이'로 활동한다는 소문이 있다. '아무리 그래도 경찰관인데, 설마……' 하는 생각이 들기도 하겠지만, 내 필리핀인 동료 경찰관도 청부살인 의뢰를 받은 적이 있었다고 말할 정도니 아예 근거 없는 이야기는 아닐 것이다.

이처럼 앙헬레스는 청부살인사건과 피싱 범죄, 자살사건 등 여러 어두운 사건이 혼합되어 특유의 음습하고 비릿한 분위기가 물씬 풍기는 곳이다. 같은 필리핀인들도 위험해서 가기 꺼릴 정도였다. 내게도 이곳은 알게 모르게 뭔가 크게 한탕 치고 가겠다는 욕망으로 가득한 곳이라는, 그리 썩 유쾌하지는 않은 첫인상을 남기는 중이었다.

앙헬레스에 사는 한국인들

이런저런 생각에 잠겨 차창 밖 앙헬레스의 풍경을 보고 있는데, 돌연 차가 코리아타운 인근의 으슥한 골목길로 들어서며 낡은 호텔 앞에 멈춰 섰다.

"안녕하세요, 이번에 앙헬레스 코리안데스크로 오신 이지훈 경감님이시죠?"

작은 키에 안경을 쓴 40대 중반의 한국인 중년 남성. 그의 밝은 웃음과 친근한 목소리 덕분에 나를 옥죄고 있던 긴장감이 조금 풀렸다. 그는 주필리핀 대한민국 대사관의 영사협력원이자 앙헬레스 한인회에서 한국인 관련 사건·사고 처리를 담당하는 신 사장이었다.

각국의 대한민국 대사관에서는 한국인 관련 사건·사고의 초동 대처를 위해 해당국에 거주하는 교민 중 한 명을 영사협력원으로 위촉한다. 진짜 공무원은 아니지만, 그들은 평소 자신의 생업을 유지하다가도 대한민국 대사관의 연락을 받으면 해당 사건·사고에 대한 초동 대처를 실시하고, 그 진행 경과를 보고하는 업무를 맡고 있다.

신 사장으로 말할 것 같으면 앙헬레스에서만 20년을 넘게 산 '앙헬레스 터줏대감'이었다. 영어와 필리핀어 모두 현지인 수준으로 구사할 수 있었고, 꽤 오랫동안 영사협력원으로 지냈던 터라 필리핀 현지 법률이나 수사 절차에 대해서도 빠삭하게 꿰뚫고 있었다. 앞으로 낯선 법체계 속에서 움직여야 했던 내게 신 사장은 더할 나위 없이 좋은 선생님이었다.

"여긴 되는 것도 안 되고, 안 되는 것도 되는 나라예요."

신 사장에게 가장 처음 들었던 이 말은 지금까지도 내가 들은 말 중 필리핀 현지를 가장 잘 표현한 말 1위다. 필리핀은 행정 절차가 느리고, 그마저도 세부적으로 정해진 원칙이 없어 그날그날 사람, 돈, 기분에 따라 사건 처리가 달라진다는 말이었다.

신 사장과의 간단한 통성명을 마지막으로 나는 묵고 있던 호텔로 돌아왔다. 열쇠를 돌려 문을 열자 담배 냄새가 넘어왔다. 짐을 풀기 전 침대에 잠시 걸터앉아 출입문을 보다가 문득 성인 한 명이 가뿐히 들어오고도 남을 커다란 크기의 객실 창문이 복도를 향해 나 있다는 사실을 깨달았다.

'여기로 누가 들어올 수도 있겠는데?'

창문을 잠그려고 보니 자물쇠가 고장 나 있었다. 출입문 문고리도 덜렁거리던 게 조금이라도 힘을 주면 부서질 것 같았다. 출발 전부터 내내 앙헬레스의 악명에 시달려서인지 금방이라도 누가 나를 해코지하러 들어올 것만 같은 불안한 생각마저 들었다(지금 생각하면 우습기 짝이 없지만, 그 당시엔 진심이었다).

초조한 마음을 달래려 건물 밖으로 난 창문을 열고 담배를 한 대 피우기로 했다. 어느새 어두워진 거리는 가로등이 없어 더 어두웠다. 멀리서 알아듣기 힘든 낯선 필리핀어와 개 짖는 소리가 들려왔다. 빨리 집을 구해 이곳을 나가야겠다고 생각하며 화장실에 들어가 샤워기를 들어 올리는 순간, 샤워기 머리가 분리되어 힘없이 바닥에 나뒹굴었다. 저 깊은 곳에서부터 분노와 서글픔이 일었다.

대충 씻고 침대에 누웠으나 잠이 올 리 없었다. 그러자 객실에 들어서며 시작된 망상이 다시 펼쳐지기 시작했다. 내 귀는 온통 출입문과 창문 열리는 소리에 신경을 곤두세웠고, 왠지 방에서 나는 것만 같은 매캐한 냄새는 총의 화약 냄새 같았다. 며칠이 지나도록 그렇게 앙헬레스의 밤을 뜬눈으로 지새워야 했다.

다음 날 주변의 도움을 받아 앞으로 코리안데스크로 생활하며 지낼 집을 몇 군데 알아보았다. 그러고는 제대로 고민도 안 하고 바로 계약해 버렸다. 내가 집을 계약한 곳은 클라크란 지역으로, 앙헬레스와 붙어 있지만 상대적으로 치안은 굉장히 좋은 곳이었다.

클라크가 안전한 이유는 유흥업소가 없어 주변이 쾌적하고, 거주민의 출입 또한 통제되기 때문이다. 그 덕분에 밤 12시에도 여성 혼자 조깅해도 될 만큼 안전하고, 강력범죄율 또한 거의 0퍼센트에 수렴한다. 지리상으로는 붙어 있지만, 앙헬레스와는 고작 출입 게이트와 철조망으로 분리되어 있기 때문에 '강력범죄가 들끓는 곳'과 '필리핀 최고의 치안을 자랑하는 곳'이 보여주는 상반된 분위기가 아이러니함을 자아내기도 한다.

신 사장을 통해 앞으로 사용할 차와 운전기사도 구했다. 레네라는 이름의 운전기사는 50대 중반은 훌쩍 넘어 보이는 필리핀인이었는데, 한국인 정서상 나보다 나이가 한참 많아 보이는 사람이 내 운전기사라고 하니 왠지 마음이 조금 불편해지는 기분이었다.

필리핀의 기관 사람들과 인사도 마쳤고, 집과 차도 구했겠다, 이날은 앙헬레스 한인회(필리핀 중부 루손 한인회) 사람들과 점심을 먹기로 했다. 현지 교민들과도 첫인사를 나눌 좋은 기회라 생각하며 나는 코리아타운의 한 순댓국집으로 향했다.

순댓국집엔 이미 일고여덟 명의 한인회 사람들이 자리를 잡고 앉아 있었다. 딱 봐도 모두 나보다 나이가 훨씬 많아 보였다. 한인회 사람들의 표정에서 '저런 애송이 경찰관이 여기서 과연 잘 버틸 수나 있을까?' 하는 의문을 품고 있음이 보였다. 나를 향한 그들의 날카로운 시선과 경계하는 눈빛 사이에서 도대체 순댓국을 어디로 먹었는지도 모를 정도였다. 한 교민이 내게 살 집은 구했냐고 묻기에 클라크에 구했다고 대답하니 예상치 못한 반응이 돌아왔다.

"혼자만 안전한 데 사시네! 앙헬레스에 살면서 우리 교민들 주위도 순찰하시고 그래야죠!"

장점이 있으면 단점도 있기 마련. 클라크는 안전한 대신 집세가 아주 비싸다. 가계 사정이나 치안 상황 등 무엇 하나 여유롭지 못한 교민들 입장으로는 내가 클라크에 집을 구했다는 사실이 그다지 탐탁지 않게 여겨질 만도 했다. 교민의 한마디에 그동안의 그 불편한 마음들이 고스란히 담겨 전해지는 듯했다.

역시 앙헬레스다. 교민들마저 거친 분위기가 역력했다. 무엇이 되었든 앞으로 내가 앙헬레스에서 헤쳐나갈 일들이 쉽지만은 않겠다는 직감이 들었다.

[#1-3]
슬기로운 필리핀 경찰 생활

앙헬레스 CIDG엔 없는 것

드디어 앙헬레스 CIDG로 출근하는 날이 밝았다. 앞서 잠깐 말했지만, 내가 배치된 CIDG는 실제 사건 현장을 뛰는 형사들이 있는 수사국이다. 차를 타고 좁은 길을 달리다 보니 활짝 열린 철문이 나를 반겨주었다. 제지하는 사람 하나 없이 개와 닭이 이리저리 뛰어다녔고, 사람들이 슬리퍼를 질질 끄며 돌아다니고 있었다. CIDG의 건물은 모두 단층이라 2층 이상은 찾아볼 수 없었다. 건물 안에서 반바지와 반팔 티셔츠 차림의 필리핀인이 인사를 하며 다가왔다. 키가 작고 민머리였지만, 눈이 매우 초롱초롱한 사람이었다.

"만나서 반갑네. 내가 여기 CIDG 대장이다."

일단 인사를 주고받긴 했지만, 아직 코리안데스크란 개념 자체가 제대로 정립되지 않은 채 앙헬레스에 파견된 상태다 보니 우리 둘 다 이제 무엇을 해야 할지 알 수 없었다. 그는 일단 내게 이곳에 무엇을 하러 왔는지, 앞으로 어떻게 할 건지 에둘러 질문했다. 하지만 나 역시 제대로 아는 게 없었기 때문에 그냥 수사 공조 때나 인터폴 적색수배자 잡을 때 서로 돕자고 대답하며 얼버무릴 수밖에 없었다.

앙헬레스 CIDG 대장은 약간 움막 같아 보이는 사무실로 나를 데리고 들어가 시설들을 소개해 주었다. 1평 남짓한 골방 벽에 한국어로 '코리안데스크'라는 팻말이 붙어 있었다. 나중에 들은 이야기인데, 내 사무실을 준비하기 위해 한인회에서 앙헬레스 CIDG에 들렀을 때 처음엔 'Korean Desk'를 직역한 '한국 책상' 팻말이 붙어 있었다고 한다. 화들짝 놀란 한인회 교민들이 그 팻말을 얼른 바꾸어달라고 요청했다는 아주 웃긴 뒷이야기가 있었다.

"여기가 밥을 먹는 식당이고……."

순간 식당에서 마치 생선 썩는 듯한 비린내가 풍겨 나도 모르게 미간을 찌푸리고 말았다.

"그리고 여기가 화장실이다."

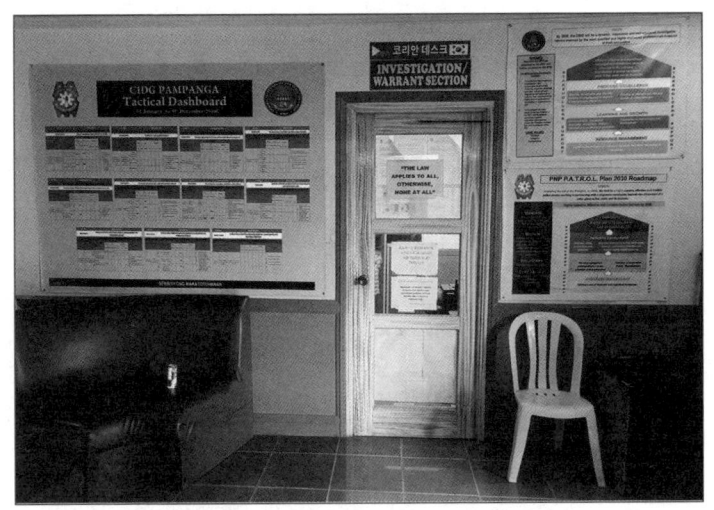

앙헬레스 CIDG의 코리안데스크 사무실

화장실은 퀴퀴한 냄새와 더불어 온통 곰팡이로 가득했다. 변기는 곰팡이 때문에 초록색으로 삭았을 정도였다. 변기 커버는커녕 물 내리는 레버조차 없었다. 볼일을 본 뒤엔 바가지에 물을 받아서 내려보내야 했다. 대변이 마려울 때는 어떻게 앉아야 하나, 하고 걱정할 때쯤 옆에서 촤라락 하고 물소리가 들렸다. 직원 한 명이 변기 옆에서 물을 받아놓고 샤워하는 소리였다. 예상을 훨씬 뛰어넘는 웃지 못할 광경에 잠시 멘붕이었지만, 그래도 첫인상이 중요했기 때문에 나는 애써 웃으며 담담한 척했다.

사무실에 마련된 책상 앞에서

시설을 둘러보고 난 뒤 대장과 이런저런 대화를 하는데, 문득 사무실 안이 너무 더웠다. 그도 그럴 게 바깥 온도가 40도에 육박하는데 이 사무실 안엔 에어컨 하나 없었다. 다른 직원들에게 에어컨은 없냐고 물으니 돌아온 대답이 정말 황당했다.

"저기 벽에 난 구멍 보여? 원래 저기 에어컨이 있었어. 근데 이번에 CIDG 대장이 바뀌면서 이전 대장이 에어컨을 떼어 갔지."

그들은 이전에 CIDG에 있었던 대장이 개인 명의로 기부받은 에어컨이기 때문에 그가 다시 가져갈 수 있다고 설명했다. 공공기관에서 개인적으로 기부물품을 받고, 떠날 때 그걸 도로 가져갈 수 있다는 설명 중에 이해할 수 있는 건 하나도 없었지만, 이해 전에 당장 쪄 죽을 판이었다. 나는 호기롭게 외쳤다.

"기다려! 내가 당장 에어컨 사서 달아줄 테니까!"

그 길로 곧장 쇼핑몰에서 에어컨을 구매한 나는 다음 날 바로 앙헬레스 CIDG 사무실에 에어컨을 설치했다. 직원들의 환호 속에 CIDG 팀장인 잘만이 주섬주섬 장부를 하나 가져와 내게 내밀었다.

"이 에어컨, 여기에 서명해 두면 나중에 도로 가져갈 수 있거든."

그 말을 들으니 약간 울컥함이 올라왔다. 국적이 다름에도 국가에서 제대로 된 처우를 받지 못하고 있는 경찰의 현실은 비슷한 것 같다는 생각에 어딘가 서글펐다.

"이건 그냥 여기 명의로 해. 그래야 앞으로 아무도 못 뜯어 갈 거 아냐."

잘만은 나를 잠시 지그시 바라보다 씨익 웃으며 알겠다고 말했다. 생각지도 못한 지출이 있었지만, 그래도 새 직장에서의 첫 단추를 나름 잘 끼운 듯했다. 당황스러움과 뿌듯함이 공존했던, 코리안데스크로서의 첫 출근이었다.

복권을 파는 경찰

필리핀에서의 생활은 물리적 환경뿐만 아니라 법체계나 수사 절차, 심지어는 국민정서 같은 문화적 환경도 너무나 달라 하루하루 배워나가야만 하는 날들의 연속이었다. 예를 들어 필리핀에서는 범죄마다 현행범을 체포할 수 있는 시한이 다르다. 폭행죄는 발생 후 12시간 내, 살인죄는 발생 후 36시간 내 현행범을 체포해야 했다. 그렇다고 이곳에 '긴급체포'라는 제도가 존재하는 것도 아니었다.

긴급체포 제도는 말 그대로 긴급 상황일 때 범죄자를 먼저 체포한 뒤 체포영장을 발부받는 제도다. 코리안데스크로 활동하며 가장 골치 아팠던 것도 바로 필리핀 법원에서 발부해 주는 체포영장이었다. 우리나라에서는 빠르면 하루이틀 안에 체포영장을 발부받을 수 있었는데, 필리핀에서는 체포영장을 발부받기까지 통상 3~6개월 정도 걸렸다. 게다가 범죄자를 검거해도 살인을 제외한 범죄의 경우 돈만 내면 보석으로 쉽게 석방될 수 있었다. 필리핀에서는 이를 두고 범죄자의 인권과 방어권을 보장한다는 그럴듯한 이유로 포장하고 있었지만, 한국에서 6년 동안 경찰관으로 살았던 내게는 이런 환경이 오히려 범죄자에게 유리한 것처럼 보이기도 했다.

이렇게 몸으로 직접 부딪쳐 가며 여러 가지를 배우는 사이, 필리핀 교민들이 가장 많이 이용하는 온라인 커뮤니티 사이트에도 새로 파견된 앙헬레스 코리안데스크에 대해 여러 게시글이 올라오고 있었다. 하지만 긍정적인 의견은 찾기 어려웠다.

- 고작 한국인 경찰관 한 명 와서 뭘 하겠어요. 한 부대는 왔어야죠.
- 여기 경찰하고 같은 편 먹고 돈 뜯어가는 짓만 안 해도 좋겠어요.
- 젊은 사람이던데, 도박이나 성매매에 빠지지만 않아도 다행이죠.

교민들 대부분은 나에 대한 기대감이 전혀 없어 보였다. 나 또한 처음 앙헬레스 한인회와 점심을 먹었을 때부터 시험대에 오른 것 같은 느낌을 지울 수 없었다. 만약 앙헬레스 교민들이 코리안데스크의 존재 가치가 없다고 느끼게 된다면 나를 향한 반발심을 드러내기 시작할 것이다.

어쩌면 신체적 공격보다는 더 괴로운 방식일지 모른다. 이를테면 내 행동에 꼬투리를 잡아 나를 고발한다든가, 한국 경찰청에 민원 테러를 한다든가 하는 식으로 말이다. 실제로 과거에 민원 테러로 강제 귀국 후 징계 처분을 받았다던 앙헬레스 담당 경찰 영사를 공격했던 사람 중에는 앙헬레스의 교민도 포함되어 있었다.

그래도 그사이 나는 필리핀 경찰관 한 명과 꽤 친해졌다. 바로 내게 '앙헬레스 CIDG 기부물품 장부'를 내밀던 잘만이다. 실제로 나는 드라마 〈카지노〉의 시나리오에 관해 자문해 줄 때 감독에게 잘만에 관한 이야기를 굉장히 많이 했는데, 그때의 이야기들이 시나리오에 반영되면서 극 중 코리안데스크인 오승훈 경감의 동료가 된 필리핀 경찰관, 마크 플로네스가 탄생했다.

잘만은 돈 욕심이 많은 일부 필리핀인과는 달리 내가 밥을 살 때면 항상 똑같이 돈을 나누어 내려 했다. 그리고 그럴 때마다 내게 매번 잊지 않고 고맙다고 말했다.

하루는 잘만이 내게 앙헬레스 CIDG 직원들과 함께 점심을 먹자고 제안했다. 그의 제안을 흔쾌히 받아들인 나는 필리핀인들이 한국식 삼겹살구이를 좋아한다는 말을 들었던 게 떠올라 잘만에게 점심 메뉴로 삼겹살은 어떤지 물었다. 순간 잘만이 머쓱한 표정을 지었다.

"난 돼지고기 못 먹어. 무슬림이잖아."

그렇게 점심 메뉴는 삼겹살구이 대신 무한 리필 소고기 샤부샤부로 정해졌다. 그런데 식당에 도착하고 보니 오늘 점심을 같이 먹기로 한 사람이 열댓 명으로 늘어나 있는 게 아닌가. 알고 보니 앙헬레스 CIDG의 자율방범대원인 에이전트들에게도 잘만과의 점심 약속이 소문난 것이었다.

그로부터 한 세 시간은 계속 먹기만 했던 것 같다. 누구는 화장실 다녀온 뒤에 다시 먹고, 누구는 담배를 피우고 온 뒤에 다시 먹고······. 정말 엄청나게 먹어댔다. 무한 리필이라 얼마나 다행이었는지. 다들 정신없이 밥을 먹는데, 잘만이 호주머니에서 조심스럽게 뭔가를 꺼내 내게 내밀었다.

"이거 필리핀 경찰청에서 발행한 복권인데, 추첨해서 상품도 준다? 1등은 아이패드야."

너무 갑작스러운 이야기라 이게 무슨 말인지 한참을 생각해야 했다. 도대체 경찰청에서 왜 복권을 발행하는 건지 도저히 이해되지 않아 잘만에게 이유를 물어보았다. 잘만도 잘 모르겠다는 말투로 "아마 경찰청의 재정자금을 마련하려고 그런 게 아닐까?"라고 말했다.

　분위기를 보니 경찰청에서 개인 판매 할당량을 지정해 준 모양이었다. 나는 잘만이 무안하지 않도록 복권 다섯 장을 사주었다. 물론 당첨을 염두에 두고 산 건 아니다. 아니 애초에 1등은 고사하고, 당첨 상품을 받는 사람이 있긴 할까?

　그래도 한편으로는 부족한 재정을 충당하기 위한 방식이 신선하면서도 신기했다. 우리나라였다면 경찰관이 자양강장제 한 병만 받아도 난리가 났을 텐데, 양국의 문화가 이렇게나 다르다는 사실을 다시 한번 느꼈다. 에어컨 기부에 복권 발행까지, 필리핀에서 발달한 기부 아닌 기부 문화(?)를 경험할 수 있었던 순간이었다.

생존이란 호수에 사는 부패한 악어들

필리핀에서 '경찰'이라 하면 보통 부패하고 탐욕스럽다는 이미지가 있다. 일반 시민들의 돈을 뜯어 가는 경우도 있어서 교민들은 필리핀 경찰을 두고 '악어'라는 은어를 사용하기도 한다. 필리핀 경찰은 왜 이렇게 된 걸까?

한 번은 필리핀 경찰관 한 명과 월급에 관해 이야기한 적이 있었다. 그는 경찰로서 거의 30년을 일했음에도 한화 100만 원 정도의 월급만을 받고 있다고 했다. 하지만 그는 여전히 총알이 난무하는 험난한 작전에 출동해야 했고, 때로는 자신이 검거한 범죄자가 보복하지는 않을지 경계해야 했다. 그의 말에 따르면 작전 중에 안타깝게 총에 맞아 목숨을 잃은 경찰관도 몇몇 있었다.

게다가 이런 쥐꼬리만 한 월급에도 경찰서 내 비품 구입이나 유류비 등 경비가 발생하면 모두 자비로 해결해야 했다. 초과근무수당은 당연히 꿈도 꾸기 어려웠다. 어쩌면 이 같은 상황에서 청렴하게 생활하기란 어려운 일일지도 모른다.

어느 날은 앙헬레스 교민 한 명이 CIDG를 찾아왔다. 그는 자신이 얼마 전 필리핀인과 다투었는데, 그날 이후 자기 집 근처에 못 보던 사람들이 나타나 불안하다고 했다. 그의 말을 듣던 필리핀 경찰관 한 명이 말했다.

"정 불안하시면 경찰관 몇 명을 하루이틀 정도 경호원으로 붙여드릴까요?"

물론 우리나라에서도 경찰이 신변 보호를 위해 경호 업무를 할 때가 있지만, 워낙 경찰 인력이 부족해 사회적으로 중

대한 이슈가 있거나 아주 중요한 사람들에 한정한다. 그런데 경찰이 개인 경호원을 자처한다니, 이게 무슨 말인가.

자세히 들어보니 심지어 일급을 받고 경호해 주겠다고 했다. 한마디로 필리핀 경찰의 '비밀 아르바이트'인 셈이었다. 일급이라고 해봤자 약 1000페소(한화 약 2만 5000원)에 불과하지만, 월급 자체가 적은 필리핀 경찰에게 결코 적은 돈이 아니다. 그때 당시 필리핀의 일반 시민이 여덟 시간을 일하고 받는 돈이 500페소였으니 말이다.

필리핀 경찰도 퇴근 후 집에 돌아가면 한 가정의 가장인 경우가 많다. 부양해야 할 가족이 있는 것이다. 이런 상황에서 (굉장히 극단적인 예시긴 하지만) 엄청난 생활고에 시달리고 있는데, 누군가 1억 원을 현금다발로 보여주며 청부살인을 의뢰한다면 그는 어떤 생각을 할까? 참고로 1억 원은 필리핀 신규 경찰관 한 명이 부임 직후 약 15년 동안 단 한 푼도 쓰지 않고 악착같이 모아야 거머쥘 수 있는 돈이다. 30년 차 경찰관이라고 해도 10년은 더 모아야 하는 액수다. 나라도 그 제안을 듣는다면 1초 정도는 잠깐 흔들렸을 것 같다.

사실 필리핀 경찰의 뿌리 깊은 부패는 국가 전체의 부패와도 연결되어 있어서 단순히 경찰 내부의 문제만으로 치부하기는 어렵다. 그럼에도 분명히 말하건대 나는 필리핀 경찰의 부패를 옹호할 생각은 추호도 없다. 그들 때문에 피해를 본 사람들을 모욕하려는 의도는 더더욱 없다. 비록 서로의 국적은 다르지만, 같은 경찰로서 그들이 처한 현실을 바로 옆에서 지켜보며 그저 작은 연민을 느꼈던 것뿐이다.

그래도 필리핀의 제16대 대통령이었던 로드리고 두테르테Rodrigo Duterte 덕분에 필리핀 경찰의 월급이 상당히 많이 올랐다고 한다. 이렇게 물질적 보상으로라도 필리핀 경찰의 배고픔을 해결해 준다면 그들은 다른 '부업'들로 눈 돌리지 않고 '청렴하게' 경찰직을 유지하고자 노력할 것이다. 그러면 자연스럽게 필리핀 경찰의 부패도 개선될 것이다. 결국 국가가 나서서 경찰의 처우를 먼저 개선해 주어야 일반 시민들에게까지 그 보상이 돌아갈 수 있다.

총 쏘는 민간인 자율방범대

첫 출근 이후 며칠 동안 동료 직원들과 이런저런 이야기를 나눌 때면 사무실에 있던 일반 시민들이 경찰의 대화에 끼어드는 경우가 자주 있었다. 몇 번 보다 보니 사무실에 매번 오는 사람들도 정해져 있는 듯했다.

"저 사람들은 대체 누군데 여기에 이렇게 자주 들락거리는 거야?"

"아, 앙헬레스 CIDG 소속 에이전트들이야."

생소한 개념에 다시 물어보니 CIDG에서는 일반 시민들 중 경찰 활동을 보조하는 사람들을 선정해서 등록해 두는데, 그들을 '에이전트$_{CIDG\ agent}$'라 부른다고 알려주었다. 우리나라의 자율방범대원과 비슷한 사람들인데, 앞서 말했던 '무한 리필 소고기 샤부샤부 점심 회식' 때 왔던 에이전트들이 바로 이 사람들이다.

우리나라에서 자율방범대원이라 하면 보통 밤거리 순찰을 동행하거나 지역 행사 등에 참여해 업무를 보조하는 등 주로 간접적인 역할을 하지만, 필리핀에서 에이전트들의 역할은 완전히 다르다. 특정 상황에서는 거의 경찰에 준하는 수준으로 활동하기도 했다. 이 에이전트들과 관련해 생각나는 일화가 하나 있다.

"이따가 마약 단속 작전 나가는데, 같이 갈래? 총은 빌려줄 수 있어."

"총은 됐고, 그냥 근처에서 참관하는 걸로 해도 돼?"

어느 날 잘만이 내게 한 제안에 나는 애써 담담한 척하며 말했다. 사실 나는 한국에서 구식 권총만 사용했다(그것도 1년에 한두 번뿐이다). 필리핀 경찰이 쓰는 최신식 권총이나 장총, 즉 영화에 나올 법한 총은 사용해 본 적이 없었다. 그런데도 대뜸 내게 총을 빌려주겠다는 제안까지 하다니, 여기가 바로 총알이 난무하는 필리핀이란 사실이 새삼 떠올랐다. 하지만 그럼에도 필리핀 경찰은 작전을 어떻게 수행하는지가 더 궁금했다.

작전에 출동하기 전 평소 앙헬레스 CIDG 주변을 어슬렁거리던 에이전트들이 하나둘 들어오더니 총기 장부에 서명 후 각자 가져온 총을 꺼내 손질하기 시작했다. 몇몇은 초록색 레이저가 달린, 한눈에 봐도 비싸 보이는 장총을 가져왔다. 잘만에게 에이전트가 총기를 사용해도 되는지 물으니 돌아온 그의 답변이 신선했다.

"경찰 인력이 부족해서 작전 수행 땐 에이전트도 총기를 갖고 출동할 수 있도록 하고 있어."

일반 시민이 경찰 작전에 총기를 들고 참여하다니. 한국 경찰로서는 상상하지도 못할 일이었다. 하지만 국민의 총기 소유가 합법인 국가에서 범죄자들의 총기 소유 여부는 두말하면 잔소리일 것이다. 작전 수행 때는 총격전 발생도 잦고, 작전 수행 중에 죽는 경찰도 그만큼 많았다.

작전시간이 다가오자 일부 경찰관들과 에이전트들이 복면을 쓰기 시작했다. 영화에서 흔히 보던 눈과 입이 뚫린 검은색 복면이었다. 왜 쓰는지 물어보니 범죄자들이 자신들의 얼굴을 기억했다가 나중에 보복했던 사례들이 있어 중요한 작전을 수행할 때는 이렇게 종종 얼굴을 가린다고 했다.

20여 분을 달려 도착한 곳은 어느 사거리. 나는 작전지역 초입에서 필리핀 경찰관 한 명과 현장의 동향을 살폈다. 저 멀리 오토바이에 앉아 주위를 두리번거리는 사람이 눈에 들어왔다.

"저기 오토바이에 앉아 있는 사람 보여? 저 사람이 바로 룩아웃이야."

'룩아웃lookout'은 말 그대로 '망보는 사람'을 의미한다. 조직적으로 마약을 제조하는 마을답게 진입로에서 경찰 단속을 확인하는 룩아웃까지 배치해 둔 것이다. 설명을 듣고 주변을 돌아보는데 기분 탓인 건지 공기 흐름이 꽤나 오묘했다. 스산한 게 마치 금방이라도 총알이 날아올 것만 같았.

우려와 긴장 속에 다행히 그날의 작전은 성공적으로 끝났다. 그 덕분에 나도 필리핀 경찰이 어떻게 범죄자들을 검거하는지 확인할 수 있었다. 그리고 그날은 내가 처음으로 필리핀 경찰에 같은 경찰로서 깊이 공감했던 날이기도 했다.

사실 나 또한 그동안 필리핀 경찰 하면 막연하게 부패한 경찰의 모습을 떠올리곤 했다. 하지만 지금처럼 총을 든 범죄자들과 마주하고, 자신의 목숨을 건 반대 사격까지 감수해야 하는 모습을 보며 나는 경찰이란 직업의식으로 진심을 다하는 그들에게 작은 감동을 받았다. 나였다면 경찰관이기 전에 인간인지라 솔직히 두려움이 먼저 앞섰을 것 같았다.

그래서인지 같은 경찰관으로서 안쓰러움도 더 짙어졌다. 비록 필리핀 경찰이 한국 경찰보다 대우는 덜 받고 있을지언정 실제 업무 위험도는 우리 못지않게 높을 수 있겠다는 생각에 그들이 대단해 보였다.

경찰 사칭범 제보자와 공조

압수한 불법 총기

피살사건 현장 CCTV 채증

코리안데스크 | **사건일지 02** | 2015. 여름 ~ 겨울

Korean Desk. Lee | Date. 2015, Summer

코리안데스크의 탄생

#2-1	낯선 땅, 새로운 사건
#2-2	범죄를 기획하는 사람들
#2-3	"Who is Mr. Park?"★

[#2-1]

낯선 땅, 새로운 사건

새벽 3시의 문자

나는 앙헬레스에 적응하면서 틈틈이 대한민국 대사관에서 가져온 인터폴 적색수배자 명단을 확인하기도 했는데, 강간을 저지르고 필리핀 앙헬레스로 도피한 적색수배자가 코리안데스크로서 내 첫 타깃이었다.

 그를 검거하는 일은 비교적 수월할 줄 알았지만, 의외의 부분에서 난항을 겪었다. 앙헬레스의 교민들이 수배자와 관련된 정보를 제공해 주지 않는다는 것이었다. 그도 그럴 게 이 사람에 관해 제보하는 것 자체가 교민들에게는 굉장히 위험한 일이기도 했다. 자신이 정보원이었다는 사실이 잘못해서 밝혀지기라도 한다면 보복 등 치러야 할 대가가 너무나 컸다. 자칫하면 제2의 터전으로 겨우 자리 잡은 이곳에서마저 살지 못하는 상황이 발생할 수도 있었다.

하지만 이런 문제들을 차치하고서라도 일단 교민들에게는 나에 대한 신뢰가 없는 상태였다. 그들은 자신이 정보를 주면 내가 그 정보를 확실하게 처리할 수 있는지, 정보원에 대한 보안 유지는 잘되는지 항상 의문을 품고 있었다. 결국 그들에게 신뢰를 얻어야 하는 것부터가 코리안데스크의 중요한 업무였다.

"그 사람, ○○카지노에 자주 간다던데요?"

우여곡절 끝에 신 사장을 통해 수배자의 소재에 관한 정보를 얻을 수 있었다. ○○카지노는 앙헬레스에서도 제일 깔끔하다고 알려진 카지노라 나 역시 그곳의 분위기를 파악하기 위해 이전에 몇 번 들렀던 적이 있는 곳이었다. 수배자의 동선을 파악한 나는 며칠을 카지노에 들락거리며 그곳 직원들과 안면을 텄다. 그러고는 그가 이 카지노에 나타나기만을 기다렸다.

그렇게 일주일 정도 지났을까. 드디어 수배자가 ○○카지노에 나타났다는 첩보를 받았다. 코리안데스크로서 첫 인터폴 적색수배자 검거가 가시권에 들어왔다. 나는 서둘러 필리핀 마닐라의 이민청에 있는 바비에게 전화를 걸었다. 앞서 말했듯 필리핀에서 적색수배자를 검거하고 국내로 송환하기 위해서는 무조건 바비의 팀, FSU가 출동해 주어야 했기 때문이다.

"바비! 한국인 적색수배자 한 명이 지금 ○○카지노에 나타났는데, 바로 와줄 수 있어?"

"뭐? 지금은 안 돼. 일정은 사전에 조율해 놨어야지."

아차! 바비의 '단호박 거절'에 뒤통수를 한 대 맞은 듯 정신이 번쩍 들었다. 첫 작전이다 보니 미숙했다. 수배자 검거 절차에 대해서는 누가 세세하게 알려주는 것도 아니라서 그저 '맨땅에 헤딩'하는 격으로 내가 직접 부딪쳐 가며 알아가는 수밖에 없었는데, 헤딩 타이밍이 좋지 않았다. 하필 지금 범죄자가 눈앞에 있을 때라니!

결국 나는 간이고 쓸개고 다 빼서 주겠다는 심정으로 바비에게 사정했다. 처음이라 잘 몰랐어, 정말 미안하다, 근데 이번 한 번만 도와주면 안 되겠니, 어쩌고저쩌고⋯⋯ 나는 당장의 긴급함을 해결하기 위해 잠깐의 비굴함을 선택했다.

"흠⋯⋯ 지금 거기까지 갈 수 있는 차가 없는데, 그쪽에서 차량 렌트비를 지원해 주면."

말로만 듣던 바비의 '길들이기와 간 보기 동시 전략'이다. 하지만 나는 달리 선택의 여지가 없었기 때문에 어쩔 수 없이 렌트비를 대주기로 하고 바비에게 출동 약속을 받아냈다. 바비가 마닐라에서 앙헬레스로 오려면 차로도 세 시간은 걸리니, 그사이 나는 앙헬레스 CIDG에도 지원을 요청했다.

필리핀 경찰과 신 사장, 나는 ○○카지노에 도착한 뒤 각각 흩어져서 적색수배자의 위치를 확인하기로 했다. 카지노를 이리저리 뒤지던 중 수배자의 사진과 비슷해 보이는 사람이 한쪽에서 바카라(카드 세 장의 수를 합해 합계 끝자리 수의 크고 작음을 따지는 트럼프 놀이)를 즐기는 게 보였다. 그런데 자세히 보니 그 사람은 한국 경찰청에서 제공한 수배자의 사진과 완전 딴판이었다.

사실 해외도피사범들은 짧으면 1~2년, 길게는 10년 넘게 도피하는 사람들이 많아서 지금처럼 과거에 찍어둔 사진과 완전히 달라지는 경우가 흔하다. 그래서 바로 판단하기가 쉽지 않을 때가 많다. 잠깐의 회의를 통해 그가 우리가 찾던 적색수배자가 맞다는 결론을 내렸다. 우리는 바비가 올 때까지 감시 체제에 돌입했다.

감시를 시작한 지 두세 시간이 지났을까. 수배자가 갑자기 자신의 칩을 정리하더니 일어날 채비를 하기 시작했다. 추가로 그를 계속 미행할지, 지금 당장 검거할지 신속하게 결정해야 했다. CIDG에서 고맙게도 신병 확보를 먼저 하고, 바비가 도착하면 그를 인계하자고 말해주었다. 그 덕분에 수배자가 카지노를 나가는 순간 그를 놓치지 않고 검거할 수 있었다. 그는 내가 근무하는 앙헬레스 CIDG 사무실의 유치장에 수감되었다. 그렇게 코리안데스크로서 첫 적색수배자 검거가 무사히 성공했다……고 생각했지만, 그건 내 크나큰 착각이었다.

"인터폴 적색수배자 검거는 이민청 FSU 고유 권한인 거 몰라?! 우린 거기 안 가!"

바비에게 연락해 적색수배자 검거 상황을 공유하고 언제 도착하는지 물으니 휴대폰 너머로 바비가 쏘아댔다. 상황이 난감해졌다. 그동안 바비가 어디로 튈지 모르는 사람이니 조심하라고 주변에서 그렇게 말했는데……. 하지만 역시 이번에도 선택의 여지가 없는 건 매한가지였다. 나는 또다시 미안하다는 말을 연발해야 했다. 어쩔 수 있나, 로마에 왔으면 로마의 법을 따르는 수밖에.

겨우 어르고 달랜 끝에 바비는 다음 날 아침에 오기로 했다. 앙헬레스 CIDG엔 양해를 구하고, 나는 퇴근 후 피곤한

몸을 누이며 잠을 청했다. 그런데 갑자기 휴대폰이 울렸다. 벌써 아침인가 싶어 알람을 끄려 했더니 알람이 아니었다. 시간은 아직 새벽 3시였고, CIDG에서 온 전화였다.

"제발…… 이 한국인 좀 어떻게 해줘……."

지친 목소리 너머 알 수 없는 괴성이 들려왔다. 유치장에 수감된 적색수배자가 밤새 한식을 달라는 둥 생떼를 쓰며 괴성을 질러댄 것이다. 전화를 건네받은 그를 어찌저찌 달랜 뒤 잠이 깨버린 나는 채 몇 시간도 못 자고 결국 뜬눈으로 아침을 맞이해야 했다. 설상가상으로 바비는 갑자기 어제 약속했던 아침이 아닌 점심쯤 오겠다는 문자를 보냈다.

그래도 밤새 고생했을 CIDG를 위해 졸리비라는 패스트푸드점에서 거하게 먹을 것들을 사서 사무실로 출근했다. 점심시간이 되자 바비가 도착했고, 그는 내리자마자 먼저 밥 좀 먹자고 말했다. 한시가 급한데 바비는 이미 샤부샤부로 메뉴까지 정해왔다.

식사를 마치고 드디어 사무실에서 수배자의 신병을 인계할 차례가 되었다. 이제야 사건이 끝나나 싶었는데, 바비는 바비였다. 신병 인계서에 쓰인 검거 주체를 '경찰'에서 '이민청'으로 바꾸어달란 게 아닌가. 바비는 필리핀 경찰에게 검거 권한이 없다는 이유를 댔다.

앙헬레스 CIDG 입장에서 보면 당연히 경찰이 검거했으니 그대로 쓴 것뿐일 텐데, 이건 또 무슨 신선한 헛소리인지 모르겠다. 우리가 난색을 표하자 바비는 그냥 이민청으로 돌아가겠다며 엄포를 놓았다. 나는 날아가려는 머리 뚜껑을 간신히 붙잡아 올리며 CIDG를 설득해 신병 인계서의 검거 주체를 고쳤다.

신병 인계 후 마닐라로 돌아가기 전, 차에 올라탄 바비가 갑자기 창문을 내리며 내게 가는 길에 주유가 필요하다고 말했다. 그 말은 돈을 좀 더 챙겨달란 의미였다. 바비는 정말 끝까지 기대를 저버리지 않는 사람이었다. 이제 진짜 다 왔다고 수없이 되뇌며 나는 정말 마지막으로 꾹 참고 그에게 돈을 건네주었다. 바비는 아주 흡족해하더니 다시 근엄한 표정을 지으며 한마디했다.

"앞으로 한 번만 더 이민청이 아닌 경찰과 작전을 수행하면 그땐 신병 인계고 뭐고 없으니 명심해!"

정말로 가는 순간까지 지랄, 아니 요란하다.

중간에 좀 자잘한 일들이 있었지만 그래도 코리안데스크로서 첫 적색수배자 검거를 무사히 해냈다. 고작 범죄자 한 명 잡는 데 참 많은 걸 배웠다.

이곳에서의 검거 작전은 단순히 수배자의 소재만 파악했

다고 해서 끝나는 일이 아니었다. 작전을 수행하기 위해 이민청에서 바비와 일정을 미리 조율해야 했고, 중간중간 치고 들어오는 그의 변덕도 잘 견디며 탄력적으로 움직일 줄 알아야 했다. 게다가 이번 검거 작전 때 본 바비의 태도를 생각하면 아무래도 필리핀 경찰을 동원해 수배자들을 우선 검거하는 일은 신중히 결정해야 할 문제란 점도 명심해 두어야 할 부분이었다.

어찌 되었든 간에 첫 성과의 기쁨에 취해 집에 돌아온 나는 오랜만에 기분 좋게 꿀잠을 잘 수 있었다. 문자 한 통이 날아들기 전까지는 말이다.

너는 내가 꼭 지옥에 보낼 거다.

잠결에 모르는 번호로 온 한국어 문자를 받았다. 화들짝 놀라 비몽사몽이던 정신이 다 깼을 정도였다. 놀람과 두근거림도 잠시, 나는 곧 이 문자를 보낸 사람이 누구일지 추측했다. 사실 추측할 것도 없다. 보나 마나 오늘 필리핀 외국인 수용소인 비쿠탄수용소로 이송된 그 수배자일 것이다. 하지만 그렇다고 해도 지금쯤이면 그는 자신의 소지품을 모두 뺏긴 채 수용소에 갇혀 있을 텐데, 어떻게 이 문자를 보냈을까?

사실 비쿠탄수용소는 참 '재미있는' 곳이다. 반어법이다. 상식적으로 말도 안 되는 일들이 비일비재하게 일어나는 곳이 바로 비쿠탄수용소다. 그곳에서는 휴대폰을 자유롭게 사용할 수 있다. 그래서 수감자들은 안에서 피자도 배달해 먹고, 애인을 불러 연애 행각을 펼치기도 하고, 에어컨이 있는 방에서 하루 종일 뒹굴 수도 있다. 다만 한 가지 조건이 있는데, 어느 정도 돈이 있어야 한다는 것이다.

비쿠탄수용소에서는 웬만하면 돈으로 다 해결할 수 있다. 만약 돈이 없는 사람이라면? 그들에게는 비쿠탄수용소 생활이 죽을 맛일 것이다. 벌레가 돌아다니고 위생이 열악한 감방에서 지내다 보면 없던 피부병이 생길 정도니 말이다.

비쿠탄수용소 안의 상황은 점점 더 심각해지고 있는 듯하다. 수감자 중 일부가 그 안에서 마약을 팔기도 하고, 보이스피싱 범죄 조직을 운영한다고도 한다. 특히 모바일 메신저 앱인 텔레그램을 통해 대규모로 마약을 유통하며 국내에서 '텔레그램 마약왕'으로 불렸던 '전세계(텔레그램 닉네임)'가 비쿠탄수용소에서 마약 사업을 한다는 소문이 돈 적도 있다.

전세계는 내가 코리안데스크로 활동할 당시 직접 검거해서 비쿠탄수용소로 보냈는데 감방 천장을 뚫고 수용소를 탈옥한 전적이 있다. 다행히 다시 검거되어 다른 교도소로 수감되었지만, 그때도 또다시 탈옥을 시도해 큰 충격을 준 범죄자였다(현재는 징역 60년 형을 선고받고 수감 중이다).

비쿠탄수용소엔 늘 50명 이상의 한국인 수감자가 있다. 한국인이기에 대부분은 나 같은 코리안데스크에게 검거된 경우가 많다. 그래서 내 얼굴 또한 그들에게 잘 알려져 있을 확률이 높았다. 실제로 수감자 중 일부는 자신을 검거했다는 데 앙심을 품고 보복 범죄를 공모하기도 했다. 이번 문자 같은 협박도 그날만 받았던 건 아니다. 한번은 내가 국내로 송환되는 적색수배자를 면담하던 날이었다.

"경감님이 비쿠탄수용소에 잡아넣은 녀석들이 돈 모아서 킬러한테 경감님 청부살인을 의뢰할 거란 말이 돌더라고요? 몸조심하세요."

그 말을 듣고 며칠 주변을 더욱 경계하며 다녔던 기억이 있다. 아무튼 날 지옥에 보내겠다는 그의 문자도 마음에 새겨서 독이 될 건 없을 듯했다. 이 문자 '덕분에' 나는 적색수배자를 검거하면 한동안은 경계를 강화해서 다니는 걸 습관으로 삼았다. 예를 들면 식당에서는 출입문이 보이는 곳에 앉기, 내 차 옆에 오토바이가 서 있는지 확인하기, 누가 뒤따라오지는 않는지 경계하기 등 같은 행동으로 말이다.

경찰관이 된 후 안전에 관해서라면 언제나 과하다 싶게 대응해 오긴 했지만, 코리안데스크가 된 후엔 그보다 더 과하게 대응해도 전혀 부족하지 않았다. 아니 어쩌면 이 과한 대응마저 부족했을지 모른다. 불법 총기와 청부살인사건이 판을 치는 필리핀에서는 한 방에 훅 간다는 말이 더 이상 우스갯소리가 될 수 없기 때문이다(말 그대로 실제 상황이다).

이런 점들을 염두에 두고 생활하는 건 굉장한 스트레스지만, 나를 지옥에 보내겠다는 협박 문자를 이렇게 친히 보내주는 사람이 많은 곳에서 경계 태세는 생활을 넘어 루틴이 되어야 한다. '이곳은 정신을 바짝 차려도 살까 말까다'라는 정신은 이 낯선 땅이 내게 알려준 중요한 생활 수칙이었다.

제발 나를 납치해 주세요

납치는 영어로 '키드내핑 kidnapping'이라고 한다. 필리핀 경찰관들은 간혹 이 단어로 "키드냅 미 Kidnap me"라는 말장난을 치곤 한다. 글자 그대로 '나를 납치하라'는 것이다. 이 말이 무슨 의미인지 단번에 이해할 수 있겠는가? 아마 들어보면 기가 찰지 모른다.

어느 날 대한민국 대사관에서 온 전화 한 통을 받았다.

"이 경감님, 앙헬레스에 있는 호텔에 한국인 한 명이 납치당해서 감금됐다는데요?"

사건은 이러했다. 납치당한 피해자가 한국에 있는 부모에게 연락해 자신의 납치 사실을 알렸고, 몸값을 주어야 풀려날 수 있다고 말해 부모가 놀라 한국 경찰에 신고했고, 피해자 부모의 신고를 받은 한국 경찰이 주필리핀 대한민국 대사관에 연락한 것이었다. 이곳에서 납치사건 신고는 처음이었기에 잔뜩 긴장했다. 어떻게 해야 할지 고심하는데, 대한민국 대사관에서 다시 연락이 왔다.

"이 경감님, 아까 말씀드렸던 납치사건은 종결됐어요. 신경 안 쓰셔도 됩니다."

내막을 들어보니 '납치당한 피해자'라고 생각했던 사람은, 엄밀히 말하면 납치당한 피해자가 아니었다. 그는 도박으로 가진 돈을 모두 잃고 카지노에서 돈을 빌렸다. 하지만 그것마저 모두 날리자 그에게 돈을 빌려준 카지노업자들이 돈을 갚으라고 그를 잡아두었다. 그는 돈을 갚기 위해 부모에게 자신이 납치당했다며 자작극을 꾸며 돈을 받아내려 했던 것이다.

이 사건 말고도 간혹 선을 세게 넘는 납치사건 신고도 있었다. 그 사건 때는 납치범들이 한국에 있는 납치 피해자 가족들에게 납치 현장이라며 피해자 사진 몇 장을 보내기까지 했다. 사진 속 피해자는 찢어진 속옷을 입은 채 양손이 밧줄로 묶여 있었다. 누가 봐도 폭행당해 납치된 정황으로 보기 충분했다.

그러나 그때도 수사 결과는 어느 도박 중독자의 납치 자작극이었던 걸로 밝혀졌다. 어설프게 꾸몄다가 가족들에게 도박 자금을 받아내지 못할 걸 염려해 지인들을 동원하여 속옷을 찢고 스스로 몸을 결박해 납치사건으로 위장한 것이었다. 필리핀에서 하도 많은 강력사건이 발생하다 보니 이를 역으로 이용한 일종의 자작극이었다.

이처럼 경험상 카지노나 호텔 등에서 발생하는 감금이나 납치사건 관련 신고는 거의 99퍼센트 가까이 돈을 빌리고 갚지 못한 사람들이 벌이는 자작극일 때가 많았다. 흔히 오해하는데, 우리가 쉽게 떠올리는 납치와 그에 따른 몸값 협상은 그런 곳에서 이루어지지 않는다. 특히 카지노 같은 경우 입장할 때 철저하게 보안 검색을 하다 보니 오히려 안전하다. 드라마 〈카지노〉에서 배우 최민식이 연기했던 필리핀의 카지노업자, 차무식이 돈을 빌리고 갚지 않는 한국인 건달을 협박했던 장면처럼 카지노에서 돈을 빌리고 갚지 않은 경우를 제외한다면 카지노 측에서 굳이 사람을 납치하거나 누군가 카지노에서 납치를 당하거나 할 이유가 전혀 없다.

  이런 일들이 반복되면서 필리핀 경찰에서도 비웃듯 우스갯소리가 나오기 시작했다. 돈을 확보하기 위해 일부러 납치 피해를 가장하는 이런 경우를 두고 '키드냅 미'라는 은어를 사용하기 시작한 것이다. 이제 그들이 나를 납치하라며 "키드냅 미"라고 말하는 이유를 이해할 수 있을 것이다. 얼마나 많은지 심지어 필리핀 경찰 중 일부는 인력 낭비라며 더 이상 한국인 납치 의심 사건엔 출동하지 않겠다고 불만을 터뜨리기도 할 정도다.

  키드냅 미 유형의 사건은 한국에서는 보기 어렵지만, 사실 필리핀에서는 단골 사건이라 불릴 정도로 많이 발생한다. 아마 카지노가 즐비하기에 발생할 수 있는 사건일 것이다. 조금 우습게 보일 수도 있는 이 사건들 때문에 필리핀뿐만 아니라 한국에서 낭비되는 국가 시스템도 엄청나다. 필리핀에서 납치되었다는 피해자의 소재를 파악하기 위해 한국 경찰에서도 사건을 접수해 수사팀을 꾸려 카드 이용 내역 등을 분석하며 불철주야 수사를 진행하기 때문이다.

  실제로 내가 코리안데스크 부임 기간이 끝나고 한국으로 돌아왔을 때도 두 달 만에 키드냅 미 사건 신고가 열 건 이상 접수되기도 했다. 대부분 필리핀에 간 한국인들이 정체 불명의 장소에 납치당해 감금되어 있다는 '납치 피해자' 가족들의 신고였다.

물론 수사 결과는 모두 도박 빚 때문에 벌인 자작극이었지만, 진실이 밝혀지기 전까지 경찰로서는 '진짜 납치사건'이라는 가정하에 납치 피해자의 위치를 파악하기 위한 탐문 수사뿐 아니라 몸값 협상을 위한 '24시 대기' 등 실제 수사를 진행해야 한다. 거짓말일 가능성이 99퍼센트일지라도 섣불리 예단했다간 이솝우화 속 양치기 소년처럼 진짜 늑대가 나타났을 때 초동 대처가 잘못될 수 있기 때문이다. 게다가 간혹 도박 빚을 갚지 않기 위해 납치사건으로 신고하고 구조를 요청하는 경우도 있어서 경찰에서는 더더욱 애를 먹는 사건 유형이다.

그래서 키드냅 미 사건을 접할 때면 누구의 편에 서야 할지 모르겠는 기분이 들 때가 많다. 나 역시 키드냅 미 사건들을 많이 겪다 보니 어느 순간부터는 이런 사건이 접수되면 누가 또 카지노에서 돈 빌리고 안 갚았구나, 하는 생각을 가장 먼저 하게 되었다.

이런 자작극을 떠올린 사람들도 참 대단하다고 생각했지만, 한편으로는 국가 차원에서 정말 부끄러웠다. '납치'라는 단어는 사실 굉장히 무서운 말인데, 누군가에게는 돈을 구하기 위한 유용한 방법으로 전락해 버렸다는 게 한국 경찰로서 씁쓸했다.

열한 자리의 숫자가 쏘아 올린 진실

"이 경감님, 이번에 경찰청장님께서 직접 필리핀에 방문하시기로 했어요!"

한국 경찰청에서 온 전화였다. 매년 한국 경찰청에서는 친선을 강화하기 위해 필리핀 경찰청을 방문하는데, 이번에는 경찰청장이 직접 온다고 했다. 수도 마닐라에서 필리핀 경찰청장을 만난 한국 경찰청장은 주필리핀 대한민국 대사관을 방문한 뒤 앙헬레스 CIDG에 왔다.

나도 오랜만에 정장을 입고 넥타이까지 맸다. 그리고 개와 닭이 뛰노는 CIDG 건물 앞에서 경찰청장을 맞이했다. 모래밭 위 다 쓰러져 가는 건물 앞에 멋들어진 호위 차량들과 고급 세단이 있는 장면이 아이러니했다.

사무실 안에서 간단하게 앙헬레스의 상황을 브리핑한 내게 격려 차원의 금일봉이 수여되었다. 그리고 나서 건물의 시설들을 소개했는데, 파리가 날아다니는 식당과 곰팡이 가득한 화장실을 둘러보고 나온 경찰청장의 찌푸려지는 미간이 보였다. 코리안데스크 사무실로 돌아온 경찰청장은 다시 가만히 사무실을 보더니 탄식과 함께 얼굴을 더 찌푸렸다. 하지만 이 현실이 내 잘못은 아니니.

"거기 봉투 하나 더 가져와 보게! 아무래도 이 경감은 하나 더 받아야겠다."

나중에 들은 이야기지만, 해외 파견자 중에서는 나만 금일봉을 두 개 받았다고 한다. 이 열악한 환경을 공식적으로도 인정받은 것 같아 왠지 모르게 뿌듯(?)했다.

며칠이 지나고 일상의 업무로 복귀한 어느 날, 한국 경찰청에서 적색수배자에 관한 첩보가 날아들었다. 보이스피싱 범죄 조직의 총책에 관한 첩보였다. 검거해야 할 총책은 두 명이었는데, 그 둘이 부부라고 했다. '환장의 커플'이다.

몸통쯤 되는 보이스피싱범들은 중국이나 필리핀에 체류하는 경우가 95퍼센트 이상이다. 국내에서 아무리 인출책들을 많이 잡아봤자 꼬리밖에 안 되는 하부 조직원들은 언제든 잘라내고 갈아 끼울 수 있기 때문에 조직을 완전히 해체시키는 답이 될 수 없다. 한마디로 총책 정도는 잡아야 조직을 어느 정도 와해시키는 게 가능한데, 그 사람들은 백이면 백 해외에 있다는 말이다.

  내가 한국 경찰청에서 받은 첩보는 그들이 현재 수빅에 있다는 것이었다. 수빅은 앙헬레스에서 서쪽으로 약 80킬로미터 정도 떨어져 있는 곳이다. 남성 총책의 현지 연락처도 함께 받았는데, 사실 필리핀에서는 500원만 있어도 편의점에서 전화번호를 수시로 바꿀 수 있어 크게 유의미한 정보는 아니다. 더군다나 전화번호를 통해 통신 내역을 확인하거나 발신지를 추적하려고 해도 정확도가 낮다. 어느 정도냐면 실제로는 서울에 있는 사람이 위치 추적으로는 제주도에 있다고 뜰 정도다. 결국 나는 수빅에 가서 남성 총책의 사진을 들고 다니며 코리아타운 이곳저곳을 탐문하는 수밖에 없었다. 당연하게도 그렇게 해서는 총책을 찾기 쉽지 않았다.

  그러던 중 필리핀 경찰관을 통해 현지 연락처로 통신 내역과 발신지를 대략적으로나마 확인하는 방법을 알게 되었다. 어떤 결과가 나올지 궁금해 밑져야 본전이란 심정으로 한번 발신지를 확인해 보았다. 결과는 예상대로였다. 발신지 위치는 말 그대로 널뛰었다. 수도권에 있다고 뜨다가도 몇 시간이 지나면 갑자기 최남단의 어느 지역에 있다고 떴다. 그래도 통신 내역에서는 괜찮은 소득이 있었다. 남성 총책이 유독 자주 통화한 전화번호가 있었던 것이다. 일단 그 전화번호를 노트에 옮겨 적었다.

이후로도 내 출근길은 계속 수빅으로 향했다. 아무리 필리핀에 오래 살았다고 해도 한국인이라면 결국엔 한식을 먹고, 한국산 물건을 사용하게 되어 있다. 나는 한인 마트나 한국인들이 많이 다니는 식당 혹은 한국인들이 많이 사는 곳을 위주로 탐문했다. 사실 말이 쉽지, 시간과 몸을 갈아 넣으며 서울에서 김 서방을 찾아야 하는 격이었다.

수빅을 돌아다닌 지 일주일쯤 되었을까. 그날도 나는 점심을 먹기 위해 들른 한식당에서 별다른 생각 없이 식당 주인에게 사진을 보여주었다. 매번 한식당을 들어갈 때마다 탐문했으나 별 소득이 없었기에 이번에도 크게 기대하지 않았는데, 이게 웬걸? 엄청난 희소식을 듣게 되었다.

"어? 이 사람, ○○ 사장님인데?"

가끔은 마음먹고 열심히 찾아다닐 때보다 이렇게 큰 기대 없이 얻게 되는 정보가 엄청난 아드레날린을 분비시킨다. 식당 주인은 그들이 밥을 먹으러 가끔 이 식당을 찾았으며, 아마도 인근 빌리지(여러 개의 단독주택이 모여 있는 일종의 빌라촌)에 살고 있는 것 같다고 말했다. 그토록 찾아 헤매던 유의미한 정보였다.

이제부터는 신중해야 했다. 들뜬 마음에 여기저기 들쑤시고 다니다간 총책 부부가 눈치채고 도주해 버릴 수 있다. 무작정 바비에게 연락하기 전에 먼저 그들이 진짜로 그곳에 살고 있는지 확인하는 게 필요해 보였다. 다음 날 빌리지 관리인을 찾아가 면담했더니 그는 부부가 일주일 전에 이미 이사 갔다고 알려주었다.

고작 일주일이라니, 아쉬움이 몰려왔다. 하지만 이내 곧 '그렇다면 지금 그들은 어디에 있을까' 하고 의문이 떠오르기 시작했다. 만약 수빅을 떠났다고 한다면 모든 건 말짱 도루묵이다. 이번엔 인근 부동산을 찾아 총책 부부가 살던 집에 관심이 있는 척 연기하며 능청스럽게 질문을 던졌다. 혹시 그들이 이사한 곳과 관련해서 정보를 얻을 수 있지 않을까 싶어서였다.

"○○빌리지 ○○호, 혹시 지금 매물로 나와 있나요? 빈집 같던데."

부동산업자는 잠시 기다리라고 하더니 해당 매물을 쥐고 있는 다른 부동산에 전화를 걸었다. 매물 등록 여부가 확인되자 나는 바로 상담 예약을 잡아 그 부동산에 갔다. 첨단 과학수사가 거의 불가능한 필리핀에서 나는 어느새 능구렁이 같은 연기를 선보이는 배우가 되어 있었다.

"○○호 살던 사람들은 한국인이었어요?"

"네, 맞아요. 한국인 부부였어요."

오호! 하나 물었다. 나는 곧바로 핵심 미끼를 던졌다.

"아, 그렇군요. 이 집도 엄청 좋던데, 그분들은 어디 더 좋은 데로 가셨나 봐요?"

"△△빌리지로 간다고 하더라고요."

월척이다! 보이스피싱범들은 눈치가 비상해서 조금만 이상한 낌새가 느껴져도 바로 도주하는 걸로 유명하다. 이제는 바비와 함께 모험을 떠날 시간이다.

검거 작전을 수행하기로 한 날이 되어 총책 부부가 새로 이사 갔다는 △△빌리지 앞에 나와 바비, 필리핀 경찰이 집합했다. 부부가 사는 곳으로 추정되는 집 차고지엔 차가 없었다. 아마 외출한 모양이었다. 하지만 아직 총책 부부가 이 집에 산다고 확인된 건 아니었다. 실제 이 집의 명의 또한 한국인이 아닌 필리핀인으로 되어 있었다.

△△빌리지를 둘러싼 채 차 안에서 잠복을 시작한 지 세 시간 정도 지났을 무렵, 서서히 긴장이 풀릴 때쯤 차 한 대가 감시 중인 집 차고지로 들어오는 게 보였다. 덩달아 우리의 행동도 빨라졌다. 운전석에서 한 여성이 내리더니 재빨리

집 안으로 들어갔다. 야속하게도 얼굴을 확인하기 어려웠다. 그마저도 우리가 검거해야 할 사람들은 부부라 남성 한 명이 더 와야 했다. 바비와 논의를 거쳐 우리는 남성 총책까지 조금 더 기다려 보기로 결정했다.

하지만 한 시간이 지나도록 그는 집에 오지 않았다. 그렇다고 해서 마냥 기다리다가 여성 총책마저 집을 다시 나가면 기다림은 장기전으로 접어들게 될 수도 있었다. 결국 우리는 한 명이라도 우선 검거하기로 하고, 집 안으로 부드럽게 진입을 시도했다.

"누구세요?"

내가 현관문을 두드리자 안에서 여성이 한국어로 대답했다. 우리가 찾던 적색수배자일 가능성이 점점 높아지고 있었다. 나는 재빠르게 수사 자료에서 여성 총책의 얼굴을 한 번 더 확인한 뒤 대한민국 대사관에서 나왔다고 말했다. 그러자 여성이 인사를 하며 문을 열고 나왔다.

'어? 이 사람이 아닌가……?'

여성의 몸짓이나 표정 모두 결백해 보였고, 무엇보다도 첫 적색수배자 검거 때와 마찬가지로 내가 받은 사진 속 얼굴과 실제 여성의 모습이 너무 달랐다. 나는 일단 여성에게 남성 총책의 사진을 보여주며 혹시 아는 사람인지 물었다. 당연하게도 여성은 모른다고 말했다. 우리는 사전에 논의한 시나리오대로 여성의 동의를 받아 집안을 수색했다.

"혹시 여권 있으면 보여주실래요?"

아무리 봐도 이 여성이 우리가 찾던 적색수배자란 확신이 들지 않아 우선 신분증을 확인하기로 했다. 여성은 태연한 얼굴로 기다리라며 방으로 사라졌다. 행동엔 거리낌이 전혀 없었다.

잠시 뒤 방에서 나온 여성은 비자 연장 문제로 여권을 대행업체에 맡긴 상태라며 지금 없다고 말했다. 나는 여성에게 다른 신분증을 요청했고, 다시 방으로 들어간 여성은 이번엔 한참을 나오지 않았다. 의심이 생긴 나는 행여나 이 여성이 방에 있는 창문으로 도주한 건 아닌가 싶어 방에 들어갔다. 여성은 나를 보더니 잠깐 화장실에 갔다 오겠다고 말했다.

여성이 화장실에 들어간 순간, 문득 수사 초기에 확보했던 남성 총책의 통신 내역이 떠올랐다. 그때 그와 가장 많이 연락했던 전화번호를 적어놓았었다. 나는 조용히 휴대폰을 꺼내 그 전화번호를 차분히 눌렀다.

띠리리 하고 화장실에서 휴대폰 벨소리가 울렸다. 곧이어 화장실에서 "여보세요"라고 말하는 여성의 목소리가 내 휴대폰에서도 들렸다. 온몸에 소름이 돋으며 '찾았다!' 하는 카타르시스가 느껴졌다. 휴대폰을 들고 화장실에서 나오는 여성을 바라보며 나는 내 휴대폰을 가리킨 채 말했다.

"○○○ 씨 맞으시죠?"

"네, 맞아요."

여성이 고개를 푹 떨구며 말했다. 그렇게 총책 부부 중 아내가 검거되었다. 때마침 밖에서도 시끄러운 소리가 들려왔다. 창문을 바라보니 차 한 대가 쏜살같이 빌리지를 벗어나고 있었다. 바로 쫓아가 확인해 보니 차고지로 들어오던 차가 갑자기 방향을 바꾸어 빠져나갔다고 했다. 어쩌면 남편일지도 모른다는 생각에 아쉬움이 몰려왔다. 작전시간을 한 시간만 더 뒤로 미루었다면 1타 2피도 가능했을지 모를 굉장한 기회였을 텐데 말이다.

결국 이 남성 총책은 앙헬레스 코리안데스크 활동을 마칠 때까지 검거하지 못했다. 비록 절반의 승리긴 하지만, 보이스피싱 범죄 조직의 총책을 검거했다는 사실은 아주 큰 의미가 있는 성과였다. 앞서 말했듯 총책 한 명을 검거하는 건 인출책 100명을 검거하는 것보다 훨씬 어려운 일이며, 총책 한 명의 검거가 보이스피싱 범죄 조직의 실질적 와해를 이끌어낼 수 있기 때문이다.

개인적으로 나는 보이스피싱 범죄야말로 아주 악랄하고

악질적인 범죄라고 생각한다. 그들이 쌓는 부는 평범한 사람들의 무지와 생활고를 악용한 것이다. 특히 소시민이나 노약자를 주된 타깃으로 삼아 그들의 돈을 사취한다는 점에서 더욱 괘씸하다. 물론 총책 한 명을 검거했다고 해서 그 직후 바로 많은 보이스피싱 범죄 피해가 줄어들지는 않을 것이다. 그렇지만 조금씩 나아간다는 점은 결코 무시할 수 없다. 한 걸음, 한 걸음이 꾸준히 쌓이다 보면 언젠가 보이스피싱 범죄도 반드시 척결될 것이란 믿음을 가져본다.

죽은 자가 말하는 것

"이 경감님, 바닷가 쪽에서 총 맞은 시신이 한 구 발견됐는데, 한국인 같다고 하네요."

대한민국 대사관에서 온 연락이다. 총기 피살사건이었다. 시신이 발견된 장소는 보이스피싱 범죄 조직의 여성 총책을 검거했던 수빅이었다. 나는 앙헬레스 CIDG, 신 사장과 함께 곧장 사건 현장으로 떠났다. 수빅 CIDG에서 이미 시신을 수습한 뒤였기 때문에 우리는 사무실로 가서 시신이 발견된 경위와 사진을 먼저 확인하기로 했다.

시신은 정확히 해변가 인근에 있는 인적이 드문 숲에서 발견되었다. 원래 모습이 어땠는지 알아보기 어려울 정도로 부패가 심하게 진행된 시신의 모습은 가히 충격적이었다. 눈에 보이는 상태로만 추측해 본다면 사망한 지 족히 서너 달은 훨씬 지나 보였다. 사진을 자세히 보니 한쪽 어깨가 거의 다 잘려 나가 팔이 겨우 붙어 있는 수준이었고, 등엔 총을 한 발 맞은 자국이 있었다.

살인사건은 어떤 사건보다도 발생 직후의 초동수사가 중요하다. 하지만 이 시신은 내가 필리핀에서 신고를 받았을지라도 살해당한 시점은 코리안데스크로 부임해 오기 전인 것 같았다. 시신이 발견된 장소 또한 인적이 드물어 CCTV가 설치되지 않은 곳이었던 데다가 그간 이 피해자와 관련해서 실종 신고 같은 것도 접수되지 않은 점으로 미루어 볼 때 타인과의 교류도 없어 보였기에 누구에게 살해당한 건지 가늠하기 어려웠다.

주어진 단서라곤 고작 피해자의 신분증과 등에 난 총알 자국, 칼로 잘려 나간 듯한 팔이었다. 나는 직감적으로 이 살인사건이 쉽게 해결되지 않을 것 같다는 생각이 들었다. 수빅 CIDG 역시 우리와 같은 생각이었다. 우리는 직접 시신의 상태를 살피기 위해 안치실로 향했다.

안치실에는 피해자의 시신이 1평 남짓한 관에 꼭 맞게 들어가 있었다. 이미 부패 정도가 심했던 시신은 짙은 초록색을 띠고 있었다. 마치 누군가가 밀랍 인형을 만들다 말고 넣어둔 것 같았다. 피해자는 꽤 체격이 있는 편이었는데, 그런 사람이 죽어서 저 작은 관에 끼여 있는 모습을 보니 문득 서글퍼지기도 했다. 죽고 나면 인간에게 허락되는 공간은 1평도 안 되는 이 관밖에 없다. 나도 죽으면 저런 모습일까······.

여러 감정이 스치며 복잡함을 느끼던 것도 잠시, 부패한 시신에서 풍기는 냄새가 강하게 코를 찔렀다. 사실 내가 세상에서 가장 견디기 어려워하는 냄새가 바로 이 부패한 시신의 냄새다. 나는 아무 생각 없이 무방비로 다가갔다가 화들짝 놀라 코를 부여잡으며 뒷걸음질 쳤다.

얼른 주변 사람들에게 휴지를 빌려 코에 쑤셔 넣고 시신을 살펴보는데 갑자기 신 사장이 시신으로 성큼성큼 다가왔다. 그러고는 손에 라텍스 장갑을 끼더니 한 치의 망설임도 없이 시신의 등에 난 구멍으로 손가락을 쑥 집어넣었다.

"신 사장님! 지금 뭐 하시는 거예요?!"

나는 충격을 금치 못하고 깜짝 놀라 소리치듯 물었다. 통상적으로 시신이 발견되면 부검 전까지는 함부로 만지는 게 금지되어 있다. 그런데 지금 신 사장은 금지고 나발이고, 충격적이게도 시신의 총 맞은 구멍에 손가락을 넣고 있었다.

"아, 이거 9밀리미터네."

신 사장의 말을 단번에 이해하기 어려웠던 나는 무슨 의미인지 물었다. 그는 총 맞은 구멍에 새끼손가락을 넣어보면 느낌에 따라 총알의 크기를 알 수 있다고 설명해 주었다. 총알은 그 크기에 따라 9밀리미터 또는 38구경, 45구경 등으로 나누어서 부르는데, 9밀리미터가 가장 작은 총알이고 45구경이 가장 큰 총알이다. 보통 돈 없는 현지인들이 9밀리미터를 쓰고, 총알이 커서 살상력이 높은 45구경을 킬러들이 쓴다고 한다.

신 사장은 구멍이 꽉 차는 느낌이면 9밀리미터, 약간 남는 듯하면 45구경이라고 말하며 그간의 경험상으로 보았을 때 전문 킬러의 소행은 아닌 것 같다고 덧붙였다. 내가 생각해도 시신의 훼손 정도나 유기 장소로 볼 때 청부살인을 의뢰받는 전문 킬러의 솜씨는 아닌 듯했다.

이제 와서 솔직히 말하자면 나는 이날 태어나서 총을 맞고 죽은 사람의 시신을 처음 보았다. 당시 총기 관련 사건에 대한 이해가 아직 부족했던 나는 교과서에서 보던 것과 달리 총알이 들어간 입구가 생각보다 작으며, 그 작은 구멍이 사람을 죽인다는 사실에 소름이 돋았다. 우리나라에서는 총기 관련 살인사건이 거의 발생하지 않기 때문에 아마 총에 맞은 시신을 본다면 한국 경찰 대부분이 나와 비슷한 감정을 느끼지 않을까 싶다.

총에 맞은 시신을 보고 온 이후 나는 필리핀 경찰과 총기 관련 사건 이야기를 정말 많이 나누었다. 앞으로 코리안데스크로 더 원활하게 사건을 처리하려면 분명히 알아두고, 또 반드시 배워두어야 할 부분이었다. 한 필리핀 경찰관은 내게 이렇게 말했다.
"총을 쏘는 게 확실히 죄책감은 가장 덜한 거 같긴 해."
새로운 관점이었다. 생각해 보면 칼 같은 근접 도구는 사람 사이의 접촉이 필수적이라 범죄를 일으키는 순간 범죄자는 다양한 자극을 받게 된다. 사이코패스가 아닌 이상 시각, 청각, 촉각 등의 오감 자극은 범인에게도 평생의 죄책감으로 남아 그를 괴롭힐 것이다.
그에 비해 총은 어떻게 보면 칼보다 깔끔한 도구였다. 원거리에서 방아쇠만 당기면 그만이니, 피를 볼 확률도 낮고 죄책감을 느낄 요소도 확실히 덜하다. 더군다나 총기 청부살인을 의뢰한 사람의 대부분은 살인 현장을 직접 보지 않기 때문에 그들의 죄책감은 거의 0에 수렴할 것이다.

피해자와 나는 말 없는 시신과 사건을 수사해야 하는 경찰관으로 만난 사이였지만, 이 피해자는 내게 많은 생각을 하게 했다. 이런저런 생각을 거쳐 나온 결론은 결국 '총은 역시 무섭다'는 사실이었다.

총은 어떤 것보다도 정말 간편하게 사람을 죽일 수 있었다. 그 점이 바로 내가 갖는, '나 또한 한 방에 죽임을 당할 수 있다'는 두려움의 근원이기도 했다. 앞서 말했듯 앙헬레스에서는 벌건 대낮에 식당에서 밥을 먹다가도 별안간 킬러가 내 뒤통수에 총을 쏘고 유유히 사라지는 게 가능한 곳 아닌가.

실제로 지금 이 책을 읽는 사람 중에서 점심을 먹다 혹은 카페에서 수다를 떨다 누군가에게 죽임을 당할 수 있다고 잠깐이라도 상상해 본 사람이 있을지 궁금하다. 지극히 평범한 일상에서마저 항상 죽음을 염두에 두고 다녀야 한다는 건 실로 엄청난 스트레스다. 이 시신과의 만남은 내가 그동안 영화 속에서나 접하며 막연하게만 느끼던 죽음에 대한 추상적 두려움이, 내게도 충분히 일어날 수 있는 일이란 실질적 두려움으로 변모한 계기가 되었다.

나는 거의 두 달 동안 수빅을 돌아다니며 이 총기 피살사건을 해결하기 위해 사방팔방 수사했지만, 이랬더라 저랬더라 하는 각종 풍문만 들릴 뿐 의미 있는 단서를 찾지 못했다.

이 사건을 수사하는 동안 필리핀이란 나라가 사건 해결에 꼭 필요한 증거를 확보하는 데는 아주 열악한 환경이란 사실을 절실하게 실감했다. 우리나라처럼 객관적 증거들을 바탕으로 수사하는 게 거의 불가능에 가까울 정도였다.

필리핀의 사건 수사 여건을 고려하면 사건 초기에 명확한 증거를 얼마나 확보하는지가 빠른 사건 해결과 직결된다. 이 피살사건으로 그 사실을 몸소 체험할 수 있었다. 안타깝게도 이 사건은 결국 미제 사건으로 남고 말았다. 코리안데스크로서 해결하지 못한 첫 살인사건이었기에 아직도 아쉬움이 남는 사건이다.

비록 이 미제 사건은 내가 필리핀에 오기 전에 발생한 사건이란 나름의 이유가 있긴 했지만, 더 이상 그런 핑계는 통하지 않을 것이었다. 이 사건을 계기로 나는 앞으로 필리핀에서 한국인이 살해당한 사건이 발생하면 어떻게 대응해야 할지 깊은 고민에 빠지게 되었다. 분명 큰 의미 없이 지원했던 코리안데스크였는데, 하나둘 사건을 맡으면서 나도 모르게 어느새 점점 더 막중한 책임감을 느끼기 시작했다.

[#2-2]
범죄를 기획하는 사람들

교도소에서의 재회

코리안데스크로 부임한 지도 어느새 5개월이 지났다. 이제는 앙헬레스의 분위기나 이곳이 어떤 섭리로 돌아가는지 어느 정도는 습득한 것 같았다. 다행히도 수빅 등 인근 지역을 제외하면 앙헬레스에서는 아직 청부살인 같은 강력사건은 발생하지 않고 있었다. 그렇지만 앙헬레스에서도 다양한 사건들이 계속해서 발생하고는 있었기 때문에 나는 여전히 몸으로 부딪치며 사건에 적응해야 했다.

그중에서도 가장 골치 아프고 답이 없는 사건은 바로 '셋업setup'이었다. '함정에 빠뜨리다'라는 뜻을 가진 영단어기도 한 이 유형의 사건은 말 그대로 없는 죄를 만들어 덮어씌운 뒤 피해자에게 돈을 갈취하는, 필리핀에서는 아주 고질적인 범죄였다.

예를 들면 이런 것들이다. 집안을 수색한다는 빌미로 필리핀 경찰이 집에 들어간다. 그러고는 미리 준비한 마약 봉지를 마치 수색을 통해 발견한 것처럼 연기하며 집주인을 검거하는 것이다. 비단 마약 봉지 사례만 있는 건 아니다. 가방에 몰래 총알을 넣어둘 때도 있고, 성매매 여성과 짜고 여성을 미성년자로 속여 미성년자 성매매 혐의로 검거하는 등 셋업 범죄의 방식은 나날이 진화하며 무궁무진해지고 있다.

혹시 이런 경우 피해자가 범죄자들의 작업(?)에 당한 것이니 이의를 제기하면 석방될 수 있지 않냐고 물을지도 모르겠다. 물론 가능하다. 재판 과정에서 무혐의를 입증해 무죄를 선고받을 수 있다. 하지만 무죄를 선고받기까지 감옥에서 수년을 보내야 한다는 점이 문제다. 그래서 셋업 범죄임이 드러나면 반드시 사건 초기에 증거를 확보하고 이른 시일 안에 범인을 검거해야 한다. 골든타임을 놓치면 피해자의 무죄 입증이 하늘의 별 따기만큼이나 어려워질 수 있다.

앞서 말한 것처럼 셋업 범죄는 주로 돈을 갈취하려는 목적으로 이루어지지만, 타깃으로 삼은 피해자를 교도소에 보내려는 목적으로 이루어지기도 한다. 채무를 변제할 의무를 없애거나 경쟁자를 제거하기 위해서다.

애석하게도 이 같은 셋업 범죄에 질이 나쁜 한국인이나 인터폴 적색수배자가 관여하는 경우가 상당히 많다. 그날도 나는 여러 업무를 정신없이 처리하고 있었는데, 모르는 번호로 전화가 걸려왔다.

"기억하려나 모르겠네. 승준(가명)이 엄마야."

승준이? 승준이, 승준이…… 나는 한참 머릿속을 굴리며 '승준'이란 이름을 떠올리려 애썼다. 어디서 들어본 이름인데, 누구였더라…… 그때 순간적으로 어릴 때 기억이 퍼뜩 떠올랐다. 어렸을 때 나는 부모님 지인의 가족과 함께 곧잘 가족 모임을 가졌었는데, 그 집 아들의 이름이 승준이였다. 어느 순간 자연스레 연락이 뜸해지긴 했지만.

아무튼 서로 못 보고 지낸 지 20년 가까이 지났는데, 그 이름을 이역만리 필리핀에서 듣게 되니 감회가 새로웠다. 반가움에 인사를 나누는 것도 잠시, 곧 승준이 어머니는 무거운 이야기를 꺼냈다.

"지금 우리 남편이 필리핀 교도소에서 3년째 억울하게 갇혀 있단다."

승준이의 부모님은 수빅에서 사업을 하고 있었다. 그런데 어느 날 필리핀 경찰이 들이닥쳐 집안을 수색하더니 돌연 방 안 서랍에서 마약 뭉치를 꺼내며 승준이 아버지를 체포했다고 했다.

그렇게 승준이 어머니는 혼자서 3년 동안 남편의 옥바라지를 했고, 그러던 중 필리핀 교민 신문에서 앙헬레스에 코리안데스크가 새로 파견된다는 소식을 보게 되었다. 찾아보니 그 코리안데스크가 바로 나였고, 반가움과 기대감에 내게 곧장 연락한 것이었다.

승준이 어머니의 이야기를 들어보니 아무래도 필리핀 셋업 범죄의 전형적인 방식에 걸려든 것 같았다. 일단 나는 승준이 아버지가 수감되어 있다는 교도소로 면회를 가기로 했다. 그리고 그 전에 대한민국 대사관에 있는 경찰 영사에게 연락해 그들의 상황을 확인했다.

경찰 영사는 승준이의 부모님이 필리핀의 호텔 소유권과 관련해 이해관계자들과 갈등이 있었는데, 마약 말고도 횡령 같은 다른 문제들도 같이 엮여 있어 재판이 계속해서 늘어지는 것이라고 했다. 경찰 영사 또한 마약 관련 혐의는 셋업인 것 같다는 의심이 강하게 들지만, 우선 재판 결과를 기다리는 상황이라고 덧붙였다.

"유죄든 무죄든 빨리 재판이 종결돼야 속이라도 시원할 거 같구나."

교도소 면회장에서 승준이 아버지가 꺼낸 첫마디였다. 이 말이야말로 셋업 범죄의 진짜 무서움을 한 문장으로 요약한 말이라 해도 무방하다. 이도 저도 아닌 상태로 수년간 감옥에서 허송세월하는 것, 이만큼 지독한 고문이 있을까.

그래서인지 오래간만에 만난 승준이 아버지의 모습도 굉장히 수척해 보였다. 승준이 아버지는 내게 셋업 범죄에 관여한 걸로 의심되는 이들에 대해 말해주었다. 동업자들이 자신을 배제하고 호텔 소유권을 확보하기 위해 필리핀 경찰과 짜고 이런 일을 벌인 것 같다고 주장했다. 말도 안 되는 듯하지만 필리핀이라면 충분히 가능한 이야기다. 심지어 매우 전형적인 방식이기도 했다.

승준이 아버지와의 면회를 마치고 생각이 많아졌다. 도움이 되고 싶은 마음도 굴뚝같았다. 교도소에서 들은 진술을 바탕으로 조심스레 이 사건과 관련된 사람들에 대한 정보를 캐고 다녔지만, 이미 수년이 지난 사건이라 이번에도 객관적인 증거를 확보하기가 어려웠다. 그나마 있는 자료들도 이미 필리핀 법원에 제출되어 증거 채택 여부를 판단하는 중이었다. 오랜 기다림 끝에 이번엔 사건이 해결될 수 있을 것이란 희망으로 내게 연락했을 텐데, 큰 도움이 되지 못하는 이 현실이 야속하기만 했다.

이번에도 증거가 내 발목을 잡은 셈이었다. 필리핀이란 현실적 조건에서 내가 코리안데스크로 제 역할을 해내려면 사건이 발생한 직후 초기에 결정적 증거들을 확보하는 일이 가장 중요하다는 걸 다시 한번 실감했다. 재판 기간은 내가 어찌할 수 없는 영역이지만, 재판 결과엔 내가 영향을 끼칠 수 있는 부분이 분명히 있었다. 그 부분이 바로 증거 확보였고, 이 불확실의 땅에서 내가 가장 확실하게 통제할 수 있는 코리안데스크의 영역이었다.

짜인 판 위의 말들

나는 이제 사건다운 사건을 수사해 보고 싶었다. 그간 수빅에서 접했던 피살사건을 제외하면 지난 몇 달간 앙헬레스에서는 주로 안전사고에 가까운 사건 혹은 내가 코리안데스크로 부임해 오기 이전에 발생한 사건만 접수되었다. 특히 내가 앙헬레스에 오기 전에 이미 발생한 사건들은 증거를 확보하는 일도 어려웠을 뿐 아니라 개인적으로도 '내 사건 같지 않은' 이질적인 느낌을 받을 때가 대부분이었다. 그러던 어느 날 영사협력원인 신 사장에게 전화가 왔다.

"이 경감님, 어떤 한국인이 성매매 때문에 체포당했다가 경찰한테 돈 주고 풀려났다는데, 이거 꼭 셋업 같네요?"

앞서 말했듯 앙헬레스에서 셋업사건은 청부살인사건과 견주어도 전혀 밀리지 않을 아주 고질적인 문제다. 두 종류의 사건 모두 아직 한 건도 해결된 적이 없어 그런지 잊을 만하면 주기적으로 터지곤 했다. 그래서 이번에 들어온 이 셋업사건이 진짜 셋업 범죄라면 여기에서 주어진 내 역할은 바로 이 '악의 고리'를 반드시 끊어내는 걸 테다.

게다가 혹시라도 만약 내가 이 사건을 제대로 해결하지 못한다면 앙헬레스 교민들은 앙헬레스에 코리안데스크가 있어야 할 이유를 의심할지 모른다. "거봐! 고작 젊은 사람 한 명 와선 뭘 하겠어? 바뀌는 것도 없잖아!"라는 비난이 벌써 귀에 맴도는 듯했다. 자존심 상하는 일이었다.

나아가 이 사건이 앙헬레스의 강력사건 발생 비율을 폭발적으로 높일 기폭제가 될 것 같다는 직감도 들었다. 앙헬레스엔 교민이고 현지인이고 할 것 없이 살인이나 셋업 범죄를 저질러도 절대 잡히지 않는다는 생각이 공공연하게 퍼져 있었다. 만약 한국 경찰이 왔는데도 범인을 못 잡았다는 소문이 돌면 다른 범죄자들도 이런 생각에 200퍼센트 확신을 가지게 될 것이다. 의지가 불타올랐다.

하지만 진짜 성매매가 맞는지 판단하는 것부터 어려운 일이었다. 다 큰 성인들이 서로 합의하여 자연스럽게 맺어진 관계라면 거기에 대고 내가 뭐라 할 순 없다. 더군다나 성매매를 이용한 셋업사건은 피해자와 면담하는 것도 쉽지가 않은데, 한국인은 대부분 성관계 상황 자체가 알려지는 걸 불편해하기에 불법이든 합법이든 입 밖으로 잘 꺼내지 않기 때문이다.

또한 앙헬레스는 앞서 말했듯 3G의 도시다. 필리핀 전역을 통틀어 여성 접대부가 있는 유흥업소가 가장 많이 밀집된 곳이다. 그만큼 여성 접대부와의 마찰로 인한 사건·사고도 잦았다. 하지만 이때도 여성 접대부가 스스로 셋업사건을 기획하거나 적극적으로 가담하는 경우가 종종 있어서 무조건적으로 피해자와 가해자를 가려내긴 어려운 실정이었다.

이번 사건에서 셋업 범죄의 타깃이 된 한국인 남성은 한국에서부터 이미 필리핀 현지의 한국인 가이드와 메신저를 통해 연락을 주고받고 있었고, 그가 필리핀에 와서 호텔에 체크인하면 그날 필리핀인 여성이 남성의 객실에 가는 걸로 정해두었다고 했다. 그렇게 한국인 남성과 필리핀인 여성이 함께 객실에 들어간 뒤 한두 시간 정도 지났을 즈음 누가 방문을 두드리는 소리에 나가보니 필리핀 경찰이 총을 들고 들어온 것이다. 필리핀 경찰은 미성년자 성매매 혐의를 들이밀며 그건 인신매매라면서 그에게 수갑을 채웠다.

한국인 남성은 얼떨결에 체포되어 필리핀 NBI National Bureau of Investigation(국가수사국) 사무실에 있는 유치장에 수감되었다. 그는 부랴부랴 전화기를 빌려 연락하던 가이드에게 도움을 요청했다. 유치장에서 남성을 만난 가이드는 자신도 그 여성이 미성년자인 줄은 꿈에도 몰랐다며 연신 죄송하다는 말만 할 뿐이었다. 필리핀 법에 따르면 미성년자 성매매는 최고형인 종신형에 처할 수 있는 중대 범죄였다. 가이드는 대한민국 대사관에 도움을 청하자고 제안했다.

유치장에 갇힌 남성은 불안에 떨며 하룻밤을 보냈다. 그런 그에게 다음 날 한국인 한 명이 대사관 직원이라며 다가왔다. 그는 남성에게 합의를 종용했고, 결국 남성은 200만 페소(한화 약 5000만 원)에 합의하기로 했다. 대사관 직원은 환전소 계좌를 알려주며 그쪽에 돈을 송금하면 자신이 필리핀 돈으로 바꾸어 여성에게 전달하겠다고 했다. 남성은 돈을 입금했고 곧 석방되었다. 그는 가이드와 대사관 직원에게 감사 인사를 전하고 나왔다. 여기까지가 사건의 내막이었다.

언뜻 보면 잘 해결된 듯한 사건이지만, '형사적 직감'에 따라 나는 본능적으로 이상함을 느꼈다. 대한민국 대사관에 한국인 관련 사건이 접수되면 내게도 당연히 연락이 와야 했다. 대사관 직원이 굳이 직접 몇 시간을 운전해서 현장에 올 이유가 없을뿐더러 대사관 직원이 합의 과정에 이렇게나 적극적으로 나서는 일도 없었다.

만약 합의를 종용했던 그 한국인이 진짜 대사관 직원이라면 대사관에서는 해당 직원을 문제 삼아 조치할 것이다. 하지만 가짜 대사관 직원이라면 말이 달라진다. 그 경우엔 대사관 직원 사칭범과 현지 가이드, 필리핀 경찰관이 한통속으로 '짜고 친 고스톱', 즉 셋업사건이기 때문이다.

나는 사건 수사를 시작하기 전 먼저 대한민국 대사관에 연락해 사실 여부를 확인했다. 예상대로 대사관엔 한국인 관련 사건이 접수되거나 직원이 출동한 적이 없었다. 셋업사건임이 분명해지자 내 마음속에서 꺼져 가던 전의의 불씨가 되살아나기 시작했다. 그러나 그 불씨가 활활 타오르려던 찰나 한 고민이 내 뇌리를 스쳤다. 사건 수사를 필리핀에서 맡아야 할지, 한국에서 맡아야 할지 문제였다.

사실 해외에서 한국인 사이에 어떤 사건이 발생하면 그 사건은 한국 경찰에 신고할 수 있다. 하지만 이 사건은 필리핀에서 발생한 사건이었으므로 필리핀 경찰도 사건을 접수해 수사할 수 있었다. 보통 이런 경우엔 사건이 필리핀에서 발생했으니 필리핀 경찰이 해결하지만, 필리핀에서 셋업 기획자들을 축출해야 범죄로 얼룩진 교민 사회도 조금이나마 정화될 수 있을 것 같았다.

즉 필리핀에서 이 사건을 담당하면 셋업 기획자들이 수사 중간에 빠져나가거나 처벌 후에도 또 다른 셋업 범죄를 저지를 가능성이 높았다. 하지만 한국에서 이 사건을 담당한다면 셋업 기획자들은 필리핀에서 검거된 후 추방당해 국내 송환 절차를 밟게 될 것이고, 추방 기록 때문에 그들이 다시 필리핀으로 돌아오기도 어려울 것이었다. 나는 한국 경찰청과 상의해 한국 경찰과 이 사건을 진행하기로 했다.

나는 한국 경찰이 직접 필리핀에서 수사를 진행하지 않더라도 셋업 기획자들이 국내에서 유죄를 받을 수 있도록 사건과 관련된 모든 증거를 수집하기 시작했다. 피해자인 한국인 남성에게 현지 가이드와 주고받은 메신저 기록을 확보한 뒤 송금 계좌와 수취인을 확인했다. 동시에 국내 수사팀에서는 메신저 아이디를 추적하여 한국인 셋업 기획자들의 인적 사항을 확보했다.

앙헬레스 교민들의 도움을 받아 당시 피해자가 돈을 송금했던 계좌를 쓰는 환전소도 찾아냈다. 대사관 직원 사칭범이 피해자에게 직접 알려주었던 환전소로, 피해자의 진술에 따르면 사칭범이 직접 그 환전소에서 돈을 환전해 갔다고 하니 운이 좋다면 사칭범이 누구인지도 알 수 있을지 몰랐다. 환전소 사장에게 간략히 상황을 설명한 뒤 수사 협조를 구했다. 사칭범이 방문한 시간대를 추정해 혹시 남아 있는 관련 자료가 있을지 물었다.

"아, 그 사람이요? CCTV랑 여권 사본도 있어요."

생각지도 못했는데 여권 사본까지 있다니, 감격이다. 대사관 직원을 사칭한 셋업 기획자의 신원이 확인된 순간이었다. 나는 1~2주 동안의 수사 끝에 피해자가 가이드와 나눈 메신저 기록과 인적 사항뿐 아니라 사칭범이 환전소에서 돈을 환전하는 모습과 그의 인적 사항까지 모두 확보했다.

하지만 이 사건엔 필리핀 경찰도 엮여 있다. 셋업 기획자들이 필리핀 경찰과 돈을 나누어 먹고 함께 셋업을 공모했다는 증거가 있어야 이 셋업사건이 계획된 범죄란 사실을 입증할 수 있었다. 필리핀 경찰이 공모했다는 증거를 찾기 위해서는 아이러니하게도 그 경찰관이 그날 피해자를 검거했다는 사실이 어디에도 남아 있지 않아야 했다. 나는 대한민국 대사관을 통해 필리핀 경찰 당국에 피해자가 체포되던 날 실제 검거 작전이 있었는지, NBI 사무실의 CCTV를 확인할 수 있는지 등 공식적인 사실을 확인해 달란 요청서를 보냈다. 대한민국 대사관에서 보내는 서한이니 필리핀 경찰 당국에서도 쉽사리 무시할 순 없을 것이라 생각했다.

셋업사건 수사는 점점 끝을 향해 달려갔다. 국내 수사팀도 필리핀 경찰 쪽에서 사실 확인 요청서에 대한 회신을 보내면 셋업 기획자들에 대한 체포영장을 신청하기로 했다. 그런데 이상하게도 요청서를 보낸 지 2주가 지났는데 필리핀 경찰 쪽에서 아무런 회신이 없었다. 내심 불안감이 엄습할 때쯤 앙헬레스 한인회의 교민에게 전화가 왔다.

"저랑 친한 NBI 직원이 있는데, 그 친구가 경감님을 좀 뵙고 싶어 해요. 혹시 괜찮으세요?"

나는 본능적으로 내가 찾던 필리핀 경찰관임을 직감했다 (지금 생각해도 그의 태도는 나를 아주 열받게 만드니, 앞으로는 그 NBI 직원을 '그놈' 또는 '이놈'이라고 칭하겠다). 그놈은 멀쩡한 사무실을 두고 굳이 조용한 곳에서 따로 만나자고 전해왔다. 하지만 나는 그놈을 만나는 게 솔직히 좀 불편했다. 아니 더 솔직하게 말하자면 두려웠다. 그놈이 이 사건을 무마하기 위해 나를 협박하거나 내게 빌거나 둘 중 하나를 선택해 밀고 들어올지 모른다고 생각했기에 가는 내내 똑바로 정신 차리자고 다짐했다.

약속 장소에 들어가기 전 늘 그랬듯 주변에 수상한 인물은 없는지 살핀 후 문을 열고 들어갔다. 익숙한 얼굴이 보였다. 오늘의 만남을 주선한 한인회 소속 교민이었다. 그 옆에 얍삽하게 콧수염을 기른 필리핀인이 한 명 앉아 있었다. 이미 교민에게 이놈에 대한 정보를 어느 정도 듣고 간 터였다. 당시 교민은 이놈을 두고 친하긴 하지만 솔직히 그렇게 질 좋은 사람은 아니라고 말했다. 특히 이놈이 평소 총을 많이 쏘아대는지 몸이나 손에서 항상 화약 냄새가 난다고 했다.

"최근에 대한민국 대사관에서 서한이 하나 왔는데……"

어쩌면 이렇게 예상을 하나도 벗어나지 않는지 신기할 따름이었다. 나는 그놈에게 솔직히 까놓고 얘기해 보자고 말하며, 지금 현지 가이드와 대사관 직원을 사칭한 한국인 모두 검거할 준비를 해둔 상태고, 검거되면 한국으로 송환되어 재판을 받을 것이라고 수사 진행 상황을 말했다. 대신 약간 허풍을 더해서.

그놈은 당황한 표정을 짓더니 자신은 이 셋업사건에 관여하지 않았다며 사실대로 말하겠다고 했다. 그놈은 당시 현지 한국인 가이드에게 미성년자 성매매 신고를 받았던 것도 사실이고, 자신은 적법한 절차에 따라 피해자를 체포했으며, 여성과 합의가 되었기에 석방한 것이라고 했다. 상부엔 실수로 그날의 검거 작전을 보고하지 못했는데, 이번에 대한민국 대사관에서 사실 확인 요청서가 날아와 난감하다며 자신에게 그 서한이 있으니 서한을 철회해 줄 수 있는지 물었다.

그놈이 입에 침도 안 바르고 하는 뻔뻔한 거짓말과 눈이 빠지게 기다리던 서한의 행방을 듣고 있자니 열받아 속이 부글부글 끓어올랐다. 지금 당장 이놈을 체포해 버리고 싶었지만 이 사건의 최종 목적은 어디까지나 질 나쁜 한국인 셋업 기획자들을 척결하는 것이지, 부패한 필리핀 경찰관을 척결하는 게 아니었다. 또한 한국에서 사건을 진행하기로 한 이상 필리핀인을 한국으로 송환할 수도 없는 노릇이기에 어쩔 수 없이 참아야 했다.

"그러면 그 가이드 잡는 거 도와줄 수 있냐?"

내 질문에 그놈은 환하게 웃으며 "당연하지"라고 대답했다. 나는 그놈에게 서한엔 알아서 회신하라고 말했다. 며칠 뒤 도착한 회신은 보지도 않고 한국으로 보냈다. 곧 셋업 기획자들에 대해 인질강도죄 혐의로 체포영장이 발부되었다. 이제 정말 추적과 검거만이 남았다.

NBI 직원과의 만남 후 며칠이 지난 어느 날 현지 가이드가 □□카지노에 나타났다는 첩보가 들어왔다. 그를 검거하여 국내로 송환하려면 바비가 출동해야 했지만, 그가 여기에 오는 동안 나는 우선 앙헬레스 CIDG의 필리핀 경찰관 두 명 그리고 레네와 함께 □□카지노로 향했다.

비쩍 마른 몸에 큰 키. 그간 가이드에 관해 확보했던 인상착의 정보 그대로였다. 카지노에 있던 필리핀인들의 키가 크지 않아서 거의 190센티미터에 가까운 그가 유난히 눈에 잘 들어왔다. 우리는 바비가 오기 전까지 그를 미행하며 감시하기로 했다.

두 시간쯤 지나자 가이드는 주섬주섬 주변을 정리한 뒤 카지노를 빠져나갔다. 우리도 다급히 그를 쫓아 밖으로 나갔다. 카지노 앞으로는 왕복 6차선 정도의 큰 도로가 펼쳐져 있었고(물론 신호 따위는 없다), 그 위로 자동차들이 소음을 내며 어지럽게 지나다니고 있었다. 시장과 유흥업소들에, 땡볕 더위에, 비릿한 땀 냄새까지 더해져 정신이 없었다.

다행히 가이드의 키가 커서 여전히 눈에 잘 띄긴 했다. 우리는 정신을 바짝 차리고 복잡한 길을 헤집으며 뒤쫓았다. 가이드에게 들키지 않기 위해 때때로 물건을 사는 척 연기하며 최대한 자연스럽게 미행했다.

그렇게 5분 정도 그를 추적했는데, 잠깐 인파를 뚫는 사이 가이드가 우리의 시야에서 사라져 버렸다. 눈알을 굴리며 사방을 다급하게 둘러보던 중 그가 카지노 앞의 6차선 도로를 무단으로 횡단하는 모습이 보였다. 우리도 눈빛과 손짓발짓을 총동원해 운전자들과 겨우 소통하며 아슬아슬하게 뒤따라 도로를 건넜다. 도로를 건넌 가이드는 어느 PC방으로 들어갔다.

나는 그 틈에 잠시 거친 숨을 돌렸다. 긴장감으로 등엔 땀이 흥건했다. PC방 주위를 살핀 뒤 나는 누가 봐도 동네 주민 같은 차림의 레네를 그 PC방에 투입했다. 혹시나 PC방 안에 다른 출입문이 나 있지는 않은지 확인하기 위해서였다. 잠시 뒤 PC방을 둘러보고 나온 레네는 다른 출입문은 없다고 알려주었다. 참고로 레네는 이런 '스파이 놀이(?)'를 아주 즐긴다. 운전기사 일을 하지 않는 휴일에도 자진해서 한국인 적색수배자 집 근처를 감시할 정도니 말이다.

30분을 PC방 앞에서 망을 보다 보니 어느새 바비가 도착했다. 바비는 우리가 잘 차려놓은 밥상에 숟가락 얹듯 손쉽게 PC방에서 가이드를 체포했다. PC방을 나오며 바비는 내게 한마디했다.

"적색수배자 추적, 꽤 하네?"

흘리듯 말한 그의 칭찬 한마디에 괜한 뿌듯함이 느껴졌다. 나도 참 단순한 게, 그 칭찬 때문에 그동안 바비에게 당한 갑질들이 갑자기 미화되며 이 친구가 그렇게 나쁜 사람은 아닐지도 모른다는 생각마저 들었다.

한편 검거된 가이드는 필리핀에서 추방된 뒤 국내로 송환되어 처벌을 받았다. 대사관 직원 사칭범 또한 열심히 추적했지만, 그는 결국 검거하지 못했다. 아쉽긴 해도 그간 단 한 번도 잡지 못했던 한국인 셋업 기획자를 일부 검거하며 셋업 범죄 척결에 한 걸음 가까워졌다는, 의미 있는 성과였다.

그날 이후 코리안데스크 활동이 끝날 때까지 앙헬레스에서 한국인이 주도한 셋업사건은 한 건도 발생하지 않았다. 물론 필리핀 경찰은 여전히 장난질을 치고 다녔지만 말이다.

범죄를 기획하는 경찰

"교민들 사이에서 코리안데스크는 대체 뭐 하는 거냐는 말이 돌아요."

코리안데스크가 된 지 6개월 정도 지났을 때 앙헬레스 한인회 소속 교민이 내게 조심스럽게 일러주었다. 들어보니 아무래도 앙헬레스 한인회와 교민들은 나를 파출소 경찰관처럼 동네를 순찰해 주고, 민원을 처리해 주는 역할을 하는 사람으로 기대한 모양이었다.

이 말을 듣고 나니 문득 내가 코리안데스크가 어떤 일을 하는 사람인지 그들에게 그 개념이나 역할을 충분히 설명해 주지 못했다는 생각이 들었다. 하긴, 나 역시 선발 당시 코리안데스크가 무엇을 하는 사람인지 잘 몰랐으니 교민들이 제대로 알지 못하는 것도 당연했다. 그렇다고 시간이 해결하도록 내버려두었다간 이상한 소문에 비난 여론이 삽시간에 붙을 게 불 보듯 뻔한 일이라 아무래도 초기에 제대로 짚고 가는 게 좋겠다는 생각이 들었다.

나는 앙헬레스 한인회의 간부들에게 코리안데스크 설명회 자리를 마련해 달라고 요청했다. 스무 명 가까이 되는 한인회 간부들 앞에 서서 2만 명의 교민이 살고 있는 곳의 단 한 명의 한국 경찰로서 겪는 인적 한계뿐 아니라 코리안데스크가 일반 경찰관과 달리 강력사건이나 인터폴 적색수배자들을 검거하는 일을 하는 사람임을 자세히 설명했다. 그 덕분에 교민들도 코리안데스크를 잘 이해하게 되었고, 그간 불거진 오해도 불식시킬 수 있었다.

그날 이후 앙헬레스 CIDG에도 큰 변화가 생겼다. 그동안 같은 동료로 친하게 지냈던 CIDG의 대장과 팀장이었던 잘만이 인사 발령을 받아 떠나고 새로운 사람들이 오게 된 것이다. 지금까지 갖은 노력을 하며 기껏 관계를 잘 다져놓았는데 처음부터 다시 시작인 셈이었다. 그래도 대장과 잘만 덕분에 나는 필리핀 경찰에 호감을 가지고 있어서 새로운 사람들이 온다 한들 별문제 없으리라 생각했지만, 그건 큰 오산이었다. 내 예상은 보기 좋게 빗나갔다.

"이 경감님, 유흥주점 사장님이 이상한 말을 하시네요?"
앙헬레스 한인회에서 긴급 호출이 왔다. 그동안 나는 앙헬레스 CIDG의 화장실은 곰팡이 때문에 도통 쓸 수가 없어 주로 한인회 사무실이나 한국인이 운영하는 식당들의 화장실을 애용하고 있었다. 긴급 호출을 받은 나는 이번에도 간 김에 화장실도 다녀오자는 생각으로 부랴부랴 한인회 사무실로 향했다. 하지만 그곳에서 들은 이야기는 화장실에 가야겠다는 생각도 잊어버리게 할 만큼 나를 충격에 빠뜨렸다.
며칠 전 앙헬레스 CIDG의 경찰관 한 명이 해당 유흥주점에 찾아가 앞으로 매월 돈을 상납하라고 했는데, 그 경찰관이 이번에 새로 부임한 앙헬레스 CIDG의 대장이란 것이었다. 사실 그간 예산이 부족하여 CIDG에서는 교민들에게 기부 차원의 재정 지원 요청을 에둘러 해왔다. 하지만 이렇게 대놓고 돈을 상납하라며 명령한 건 처음이라 교민들은 당혹스러워하고 있었다.

아무래도 앙헬레스 CIDG에 코리안데스크 사무실이 있다 보니 나 역시 교민들에게 갈취한 돈을 필리핀 경찰과 나누어 먹는 관계로 오해받기 딱 좋았다. 아니나 다를까 이 이야기는 교민들 사이에 빠르게 퍼져나가 이미 나도 졸지에 부패한 경찰과 공범이 되어 있었다.

나는 이 일을 사건화하자고 말했지만 한인회에서는 한사코 이를 거부했다. 자신들이 알아서 해결하겠다며 CIDG의 대장에게는 비밀로 하고 절대로 문제 삼지 말아 달라고 부탁했다. 답답한 상황이었지만 어쩔 수 없었다. 나야 2~3년 후에 한국으로 돌아가면 그만이지만, 이 사람들은 앞으로 평생을 이곳에서 살아야 할 수도 있다. 그들의 안전이 보장되는 게 우선이었다.

그렇게 교민들의 요청을 수긍하긴 했지만 새삼 머리가 지끈거렸다. 일반 시민들의 든든한 아군이 되어주어야 할 경찰이, 그것도 나와 같은 공간을 쓰는 경찰관이 이런 행각을 벌이다니 충격이었다. 하지만 이런 소동이 벌어지고 난 며칠 뒤 그들은 본격적으로 범죄를 '기획'하기 시작했다.

그날도 아침부터 한인회에서 연락이 왔다. 혹시 한국인 불법 도박 사이트 운영자들을 검거했냐는 전화였다. 나는 직감적으로 이번에도 뭔가 잘못되었음을 느꼈다. 어제 퇴근할 때까지만 해도 분명 유치장에 한국인 수감자는 없었다. 오늘 아침 출근했을 때도 매한가지였다. 그렇다고 다른 필리핀 경찰관에게 관련 이야기를 들은 것도 없었다. 한인회에서는 내가 퇴근한 뒤 앙헬레스 CIDG에서 검거 작전을 수행해 불법 도박 사이트 운영 혐의로 한국인들을 체포하곤 내가 출근하기 전에 그들에게 보석금을 받고 석방해 주었다고 했다. 그 과정에서 내게 아무런 언질도 하지 않은 것이다.

나는 그들의 행태에 결국 뚜껑이 열려버렸다. 이 일로 인해 교민 사회에서 '코리안데스크 공범설'은 거의 기정사실화되고 있었다. 가만히 있다간 더 큰일 날 것 같았다. 나는 곧장 새로 부임한 CIDG의 팀장에게 찾아가 전날 있었던 검거 작전에 대해 물었다. 그는 그제야 내게 그날 오후 작전이 있었다고 알려주었다. 나는 검거 작전과 관련된 자료들을 요청해 사무실 한편에서 조용히 그것들을 복사했다. 내가 그 자료들을 가지고 있어야 나중에 문제 제기라도 할 때 도움이 될 것 같았다. 그런 내 모습을 보고 새로 부임한 팀장이 사무실을 박차고 들어와 소리쳤다.

"지금 뭐 하는 거야! 이건 복사하면 안 되는 거라고! 당신에겐 수사 권한이 없어!"

"나한테도 한국인 관련 사건에 대한 내용을 공유받을 권리가 있어!"

이미 뚜껑이 하늘 높이 치솟은 나도 같이 소리치며 맞대응했다. 팀장은 버럭버럭 소리를 지르며 이 일은 필리핀 경찰청에 공식적으로 문제 제기하겠다는 말과 함께 사무실을 나갔다. 나가는 팀장의 뒷모습에 대고 나도 문제를 제기하겠다고 똑같이 응수했다.

패기 있게 지르긴 했지만 심장이 두근거렸다. 텅 빈 사무실에 있자니 기댈 사람이 하나도 없는 듯한 기분마저 들었다. 한국 경찰청 식구들은 너무나 멀리 있고, 같은 한국인인 교민들은 따가운 눈초리를 보내고 있다. 매 순간 내 신변을 보호하느라 주위 경계를 늦추지 말아야 하는 것도 신경 쓰이는데, 거기다가 같은 경찰서의 동료 경찰관들은 셋업 범죄를 기획하는 현실이라니.

서럽고 적적한 마음에 나는 모처럼 마닐라 코리안데스크와 통화를 했다. 앞서 말했듯 그는 나보다도 3년 먼저 필리핀에 와서 코리안데스크로 활동하는 중이었고, 경찰 경력으로도 나보다 훨씬 경험이 많은 선배였다. 그래서인지 결국 그들과 대화로 잘 풀어야 하는 수밖에 없다는 그의 조언이 현실적으로 받아들여졌다. 내 생각에도 앞으로 그들의 도움 없이 나 혼자 사건을 해결하기엔 어려움이 많을 것 같았다.

생각을 마친 나는 점심시간이 지나고 다시 CIDG의 팀장을 찾아가 대화를 요청했다. 그리고 CIDG 대장을 필두로 그들이 벌인 유흥주점 상납 일과 그로 인한 교민 사회의 분위기가 어떤지 현재 상황을 설명하며 어려움을 토로했다. 그러자 팀장도 다소 누그러진 말투로 자신들은 교민들에게 따로 돈을 요구하거나 받은 적이 없다고 항변했다. 더 이상 문제를 제기하는 일은 의미가 없어 보였다.

우리는 그날 나름 진솔한 대화를 나누며 그간의 앙금을 털어내기로 했지만, 한편으로 나는 우리가 앞으로 가까워지기 어려울 것 같다고 생각했다. 그도 그럴 게 어찌 되었든 필리핀 경찰이 나를 먼저 배신했으니 나 또한 이전과 같은 태도로 그들을 대하기 어려웠고, 그들 역시 나와의 협업 관계를 썩 달가워하는 표정은 아니었기 때문이다. 우리는 비즈니스 파트너로서 서로의 위치를 재확인하는 걸 끝으로 대화를 마무리했다. 그래도 이날 이후 내 부임이 끝날 때까지는 앙헬레스 CIDG에서 교민을 상대로 갈취 행각을 벌였다는 이야기는 더 이상 들려오지 않았다.

하지만 며칠 뒤 필리핀 경찰이 코리아타운을 돌아다니며 유흥주점에서 무전취식한다는 신고가 접수되었다. 버젓이 경찰 제복을 입고, 경찰 배지와 총까지 보여주며 위협하듯 술과 음식을 요구한다고 했다. CIDG와 함께 그들이 세 번째로 나타났다는 코리아타운의 어느 유흥주점으로 출동했다. 앙헬레스 CIDG 역시 그간의 오해를 불식시키겠다며 이를 바득바득 갈았다.

현장에 도착해 바로 진입한 덕분에 우리는 필리핀인 두 명과 그들의 차량을 압수할 수 있었다. 차에서는 미등록 불법 총기 세 자루와 총알들이 발견되었다. 확인해 본 결과 그들은 진짜 경찰도 아니었다. 앙헬레스에서 좀 떨어진 곳에 위치한 지역 CIDG의 에이전트들이었다.

그들은 CIDG에서 배부받은 경찰 마크가 붙은 조끼를 입고, 필리핀 경찰증이 어떻게 생겼는지 잘 모르는 한국인들을 대상으로 에이전트증을 경찰증으로 속이며 유흥주점들을 갈취할 목적으로 불법 총기까지 소지하곤 원정을 온 것이었다. 피해자들의 고소 의사가 없으면 처벌 자체가 불가능하기에 나는 이 일을 사건화하고자 유흥주점 사장 세 명에게 고소 의사까지 확실히 받아두었다.

일부 필리핀인 사이에서 한국인들을 두고 '현금인출기' 혹

경찰 사칭범들의 얼굴을 지목하는 교민(위)
에이전트들에게서 압수한 불법 총기와 에이전트증(아래)

은 '마사랍 코리안Masarap Korean(맛있는 한국인)'이라고 말하기도 한다. 지금처럼 그냥 툭 하고 건드리기만 해도 그들에게 뭔가 '콩고물'이 떨어지기 때문이다. 하지만 불법 총기를 손쉽게 구할 수 있는 이 나라에서 교민들의 잘못은 분명 아니다. 나는 그들의 행태에 굉장히 열받았다. 한국인이 얼마나 우스우면 현지인들이 이렇게 대담하게 행동할 수 있는 걸까. 대체 이곳은 소문이 어떻게 났기에 타지에서까지 원정을 오는 걸까. 그때 앙헬레스 CIDG의 필리핀 경찰관이 든든하게 말했다.

"애들은 사칭죄에 협박죄, 불법총기소지죄 그리고 사기죄로 입건될 거야."

"그러면 애네, 보석으로 석방되진 않겠지?"

"흠…… 그건 상황을 좀 봐야겠는데?"

들어보니 불법총기소지죄는 세 자루까지 보석이 가능하다고 했다. 이 말을 듣자 유흥주점 사장들이 고소를 망설이기 시작했다. 결국 다음 날이 되자 에이전트들은 2만 페소(한화 약 50만 원)의 보석금을 내고 석방되었고, 고소 의사를 밝혔던 교민들은 줄줄이 고소를 취하했다.

석방된 에이전트 중 한 명은 유흥주점을 찾아 교민에게 사과했다고 한다. 사실 말이 사과지, 거의 무언의 협박이나 다름없었을 것이다. 필리핀에서는 사건을 무마하기 위해 피해자에게 협박이나 해코지를 하는 경우가 많기 때문이다. 실제로 과거에 앙헬레스에서 총기 관련 사건이 발생했을 때 한 교민이 현지에서 필리핀인 변호사를 고용했는데, 그 변호사가 의문의 총기 피살을 당한 사례도 있다. 이러한 필리핀의 속사정을 아는 처지에 유흥주점 사장들이 고소를 취하한다고 해서 이를 한사코 말릴 수도 없는 노릇이었다.

그래서 사건은 나와 CIDG의 의지와 다르게 허무하게 종결되고 말았다. CIDG도 밤늦게까지 에이전트들을 대상으로 압수 보고서와 진술서를 작성하랴, 유흥주점 사장들에게 얼굴 확인시키랴 같이 고생했기에 허탈감을 표했다.

누군가 적극적으로 나서지 않는 이상 한국인을 대상으로 한 이런 범죄들은 계속될 것이다. 하지만 누군가 총대를 메고 나서면 협박이나 해코지 같은 보복을 당할 수 있어 오랜 시간 큰 희생을 치러야 할 수도 있다. 내가 필리핀에 사는 교민이었다면 나 또한 강단 있게 적극적으로 대응할 수 있었을지 잘 모르겠다. 참 딜레마다. 그렇다고 해서 이런 범죄자들을 가만히 둘 순 없다. 결국 근본적인 문제가 해결되지 않는 이상 이 난제를 풀 순 없을 것이다. 쓸쓸함을 느끼며 앙헬레스에서의 또 하루가 지나고 있었다.

[#2-3]

"Who is Mr. Park?"

★ 드라마 〈카지노〉 모티브가 된 실제 사건

누가 그를 죽였는가

"미스터 박이 누구냐(Who is Mr. Park)?"

이 말은 지금도 잊을 수 없는 한마디다. 한국인 사업가 총기 피살사건 당시 필리핀인 킬러가 내뱉은 유일한 말이자 사건 발생의 시작이 된 말이기 때문이다. 이 사건은 드라마 〈카지노〉를 관통하는 메인 스토리면서 극 중 차무식이 모시던 한국인 사업가, 민 회장이 사망했던 에피소드의 모티브가 된 사건이다. 또한 내가 코리안데스크 활동이 종료된 뒤 한국에 돌아와서도 계속해서 수사를 맡아 진행했던 사건으로, 도합 6년 정도 공을 들인 사건이기도 하다.

그때가 2015년 9월경이었으니, 내가 코리안데스크로 앙헬레스에 온 지도 8개월 정도 되었을 때다. 그때까지 다행히 앙헬레스에서 총기 청부살인사건은 발생하지 않았다. 하지만 지금 생각해 보면 한국인 사업가 총기 피살사건 수사를 앞둔 내게 하늘이 8개월의 적응 기간을 준 건 아니었을까 싶다. 이 사건을 제대로 수사할 수 있도록 말이다.

사건이 발생하던 날은 아직도 생생히 기억난다. 뜬금없지만 생애 처음으로 두리안이라는 과일을 먹은 날이었기 때문이다. 쿰쿰한 냄새와 달리 두리안의 아주 달콤한 맛과 부드러운 과육에 청부살인이란 끔찍한 소식이 뒤섞인 아주 기묘했던 날이었다.

"코리아타운에서 한국인이 총에 맞아 죽었어요! 청부살인 같습니다!"

신 사장이 전화기 너머 다급하게 말했다. 나는 먹던 두리안을 내려놓고 CIDG와 함께 서둘러 사건 현장으로 향했다. 이 끔찍한 소식을 믿기 어려울 만큼 햇볕은 쨍쨍했다. 연락을 받고 가는 길에 마치 앙헬레스의 하늘이 내게 이렇게 말하는 것 같았다.

'이 경감, 이제 어느 정도 앙헬레스엔 적응했지? 지금부터 진짜 본격적으로 일을 시작해 볼까?'

사건 현장인 ○○부동산은 코리아타운의 어느 도로변 중간에 있었다. 건물 1층엔 치킨집이 있었고, 그 앞에 놓인 철제 계단을 오르면 2층에 부동산 사무실이 있었다. 총에 맞은 피해자는 병원으로 이송되던 중 사망하고 말았다.

사무실에 들어서니 바닥엔 피해자가 흘린 혈흔이 낭자했고, 여러 개의 탄피가 떨어져 있었다. 사건 발생 당시 사무실엔 피해자 외에 한국인 한 명과 필리핀인 한 명이 있었다고 했다. 바로 앞에서 총이 난사되는 현장에 있었다니, 생각만으로도 등골이 오싹해졌다.

예상대로 필리핀인은 수사 면담을 거부했다. 그는 이런 피살사건에 섣불리 진술했다간 큰일 날 수 있다는 사실을 이미 잘 알고 있었다. 하지만 다행히 한국인은 수사 면담에 응해주었다. 겨우 20대 후반 정도 되어 보이는 남성이었다.

"박 사장님은 소파에 앉아 계셨고, 흰색 모자에 선글라스를 쓴 사람이 들어왔어요. 선글라스를 살짝 아래로 내리더니 누가 미스터 박이냐고 묻더라고요. 박 사장님이 나라고 대답하니까 그 사람이 바로 사장님께 네다섯 발을 쏘고 나갔어요. 그게 다예요."

전형적인 청부살인이었다. 킬러들은 타깃을 확인해 제거한다는 목표만 완수하면 그만이라 어떤 장소인지, 목격자가 있는지, 시신을 어떻게 처리할지 등엔 관심이 없다. 그래서 이처럼 대낮에, 사람이 가득한 도로가 근처에 있어도 냅다 총을 쏘고 사라진다. 이렇게 된 이유는 아마도 그간 앙헬레스에서 킬러가 검거된 적이 없다는 사실과 CCTV가 부족한 열악한 환경 등이 종합적으로 작용했기 때문일 것이다.

그래서 청부살인사건에서는 탄피나 탄두를 회수하는 작업 외에 다른 현장 감식은 큰 의미가 없다. 탄피나 탄두는 추후 범인을 검거했을 때 그가 소지한 총기와 대조해 볼 수라도 있지만, 그저 총을 쏘고 간 게 전부인 현장에서 과학수사로 얻을 수 있을 만한 유의미한 단서는 사실상 거의 없다. 한국인 목격자의 진술이 이어졌다.

"범인은 얼굴이 좀 하얀 편이었는데, 아무래도 한국계나 중국계 같아요. 쓰고 있던 모자랑 얼굴형이 어땠는지도 기억나요."

청부살인사건에서는 때때로 공범이 타깃의 도착을 킬러에게 알려주는 경우가 있어서 이제부터는 모든 진술과 단서를 의심해야 한다. 이 한국인 목격자의 진술도 마치 이전부터 킬러를 알고 있었던 것처럼 설명이 상세하여 오히려 수상함이 느껴졌다.

일단 나는 가장 먼저 현장에 CCTV가 있는지 확인했다.

총기 피살사건 현장이 된 부동산 사무실(위)
CCTV를 확인하는 모습(아래)

부동산 사무실 안엔 CCTV가 설치되어 있지 않았다. 하지만 1층의 치킨집엔 건물 외부를 비추는 CCTV가 설치되어 있었다. 그 안엔 흰색 SUV가 후진해서 주차장으로 들어오는 모습이 찍혀 있었다. 청바지와 흰 티셔츠 차림에 흰 모자와 까만 선글라스를 쓴 사람이 운전석 옆자리에서 내려 철제 계단을 올라갔다. 1분 뒤 그가 후다닥 뛰어 내려와서는 다시 차를 타고 주차장을 빠져나갔다. 죽은 박 사장의 운명을 바꾸는 데 1분이면 족했다는 생각이 들자 더더욱 마음 한편이 아려왔다.

야속하게도 앙헬레스의 쨍한 정오 햇볕은 CCTV 속 흰색 SUV의 번호판까지 하얗게 지워버렸다. 필리핀 경찰청에 CCTV 화질 개선을 요청했으나 거기서도 복원이 불가하다는 답변이 돌아왔다. 수사 초기부터 난관에 봉착했다. 더 이상의 CCTV는 없었다. 결국 우리에게 주어진 단서라곤 한국인 목격자의 진술뿐이었다.

필리핀, 킬러, 총기······. 내 인생에서 만나기 어려웠던 낯선 단어들이 뒤섞이며 그간 한국 경찰로서 느껴보지 못했던 이질적이고도 새로운 감정들이 온몸을 마구 헤집고 다니기 시작했다. 코리안데스크 선발 때부터 들었던, 내게 막연한 두려움을 심어주었던 앙헬레스의 청부살인사건을 드디어 눈앞에서 맞닥뜨렸다. 이 사건을 통해 나는 코리안데스크로서의 존재 가치를 증명해야 한다는 압박감을 느끼는 동시에 그 어느 때보다도 반드시 이 사건을 해결하고야 말겠다는 직업 정신을 불태웠다.

또한 경찰관으로서 사건을 마주할 때 느끼는 도파민뿐만 아니라 가슴 깊은 곳에서 여러 감정도 용솟음쳤다. 그것들은 자그마한 총알 몇 개가 순식간에 누군가의 운명을 뒤바꾸었다는 데 대한 안타까움과 뒤바꿀 수 있다는 데 대한 두려움, 한국 경찰이자 코리안데스크인 내가 이렇게 버젓이 있음에도 코리아타운 한복판에서 살인을 저지른 자들에 대한 분노가 뒤섞인 감정이었다. 하지만 지금 이렇게 감상에 빠져 있을 시간이 없었다. 이 사건의 매듭을 어디서부터 어떻게 풀어나갈지 냉철하고 빠르게 판단해야 했다.

한국에서는 총기 청부살인사건을 접하기 어렵다. 한국 경찰 대부분이 어쩌면 평생 접해보지 못할 사건일 수도 있다. 총기 관련 사건이기도 하지만 청부살인사건이기도 한 이런 유형의 사건은 경찰 입장에서 극악의 난도를 자랑한다.

이 사건의 핵심은 '누가 방아쇠를 당겼는가'가 아니다. '누가 청부살인을 의뢰했는가', 즉 살인을 사주한 배후자가 누구인지를 따지는 게 핵심이다. 지금까지 발생했던 앙헬레스의 총기 청부살인사건들을 살펴보았을 때 그 배후자는 아마도 한국인일 가능성이 농후했다. 지금부터 '박 사장(피해자) ← 킬러 ← 청부살인 배후자(의뢰자)'라는 이 스토리의 퍼즐을 하나씩 맞춰나가야 했다.

먼저 한국인 목격자가 면담 거부로 입장을 바꾸기 전에 서둘러 필리핀 경찰관인 아마릴리오와 함께 그를 찾아가 킬러의 몽타주를 제작했다. 아마릴리오는 앙헬레스경찰서에서 이번 수사를 담당한 형사로, 경력이 자그마치 30년이나 된 베테랑 형사였다. 그는 한국인을 대상으로 한 청부살인사건들을 많이 수사했기 때문에 범죄 패턴이나 어떻게 수사해야 하는지 그 방식을 잘 알았다. 다만 이제껏 해결된 사건이 한 건도 없을 뿐이다.

목격자는 자신이 디자인을 전공해서 킬러의 모습을 자세하게 묘사할 수 있다고 말했다. 정말 자신의 말대로 그는 킬러의 작은 턱이나 모자의 디테일한 색까지 수상할 정도로 완벽하게 묘사했다.

그래서 사건 발생 당일부터 이 한국인 목격자를 의심했다. 박 사장의 휴대폰을 분석하고 주변을 탐문하는 등 이 목격자를 따로 더 조사해 보았지만, 그는 그저 박 사장과 원만한 관계에 있는 지인일 뿐이었다. 더군다나 박 사장이 죽었다고 해서 그가 보는 이득도 전혀 없었다. 참고로 통상 필리핀에서 일어나는 청부살인사건엔 돈이든 원한이든 치정이든 범행 동기가 있다.

세 시간 정도 몽타주를 제작한 뒤 살펴보니 킬러는 확실히 보통의 필리핀인과는 달리 흰 피부에 가는 턱선의 소유자였다. 목격자는 킬러가 중국인 같다고 다시 한번 주장했다. 때마침 박 사장이 중국인들과 마찰을 빚고 있었다는 첩보도 있었기에 중국인 배후자의 가능성을 배제할 순 없었다.

하지만 아마릴리오는 사건 발생 당시 인근에 있던 현지인에게 필리핀인 킬러였다는 말을 들었다고 했다. 사건 초기라 그런지 킬러의 정체를 두고도 여러 가지 설이 난무했다. 게다가 박 사장은 사업적으로도 복잡하게 얽혀 있던 관계가 많아 의심해야 할 사람들이 꽤 많았다.

필리핀 경찰이 킬러를 추적하고, 내가 킬러 뒤에 숨은 배후자를 추적하기로 했다. 아무래도 내가 필리핀의 미묘한 언어적 뉘앙스나 태도를 단번에 알아차리긴 어려워 킬러를 추적하는 데 여러모로 한계가 있을 것 같았다. 또한 필리핀 경찰 내부에서도 열람이 어려운 민감한 정보들을 외국인인 내게 제공할 리도 만무해 보였고, 필리핀 경찰에서도 이 청부살인의 배후자가 한국인일 것이란 데는 100퍼센트 동의한 상태였다.

그 무렵 피살 소식을 들은 박 사장의 가족들이 필리핀에 입국했다. 박 사장의 가족이 필리핀에 입국한 걸 기점으로 사건은 새로운 국면에 접어들었다. 당시 박 사장이 운영하던 필리핀 호텔 소유권을 두고 분쟁이 벌어진 것이다. 호텔의 상속을 주장하는 가족들, 박 사장의 현지 비서이자 형식상 호텔의 소유권을 쥐고 있던 필리핀인 여성, 실제로 호텔을 운영하고 있던 한국 조폭들, 거기다가 박 사장에게 채권·채무가 잡혀 있던 사람들까지 한데 뒤엉켜 그야말로 난리통이 따로 없었다.

특히 박 사장이 투숙하던 객실을 중심으로 실제 암투가 벌어지기도 했다. 그 방엔 호텔 소유권과 관련된 각종 서류뿐 아니라 채권·채무 관련 서류 등이 담긴 금고가 있었다. 박 사장이 죽은 후 셈법이 빨라진 이해관계자들이 그 객실에 무단으로 침입하고 있다는 첩보를 받은 나는 필리핀 경찰과 현장으로 출동했다.

방에 들어가니 많은 사람이 이미 금고를 둘러싼 채 모여서 금고를 개봉하는 일과 그 안의 서류들을 귀속하는 문제와 관련해 설전을 벌이고 있었다. 그동안 내가 청부살인사건의 배후자로 한 번씩 의심했던 사람들이 한자리에 있었기에 내게는 배후자를 추적해 볼 좋은 기회였다. 나는 사무실에서 인물관계도를 그리기 위해 몰래 휴대폰 카메라를 켜서 현장을 촬영하기 시작했다. 그 순간 한 한국 조폭이 답답했는지 내게 한국 경찰은 대체 무엇을 하는 거냐며 윽박질렀고, 갑작스러운 윽박에 화가 난 나도 같이 언성을 높였다.

필리핀 경찰과 논의한 끝에 금고 안의 서류는 박 사장의 가족들에게 귀속시키기로 하고, 열쇠공을 불러 금고를 개방한 뒤 사람들을 해산시켰다. 그들은 모두 얼굴을 붉히며 마지못해 돌아갔다. 저마다 어떤 이유로 이 금고 안의 어떤 서류를 확보하고 또 제거하려 했을까. 가장 큰 채무액이 적힌 서류를 없애 채무를 면하려고? 아니면 호텔 실소유권에 관한 서류를 없애서 호텔을 아예 자기 걸로 만들려고?

나는 오늘 객실에서 온 사람 중 한 명이 배후자일 것이란 생각이 강하게 들었다. 박 사장의 사망으로 크게 이득을 보는 사람이라면 그게 살해 동기가 될 가능성도 커 보였다. 나는 실제로 호텔을 운영하고 있는 한국 조폭 중 최고참으로 보이는 사람에게 다가가 수사 면담을 신청했다. 배후자일 수도 있었기에 혐의를 끌어내 보고 싶기도 했지만, 면담을 통해 호텔의 현재 상황을 알아야 할 필요가 있었다.

점심시간이 되어 우리는 호텔 내 수영장에서 장어탕을 시키고 테이블에 마주 앉아 면담을 시작했다. 숨김없이 솔직한 조폭의 태도에 내가 먼저 직구를 던졌다. 그가 만약 진짜 배후자라면 본능적으로 확연히 다른 반응을 보일 것이다. 그의 반응이 어떤지 보고 싶었다.

"지금 호텔 소유권 때문에 박 사장님 청부살인의 배후자로 의심받고 있는 건 알고 계시죠?"

"경감님, 전 진짜 아니에요. 그리고 이 호텔, 사실 완전 깡통이에요. 이거 가지면 채무만 더 많아지지, 저한테 득 될 건 하나도 없어요."

조폭은 정말 억울하다는 표정으로 대답했다. 그는 이 호텔을 세울 당시 자금이 부족해서 객실을 먼저 분양했을 뿐 아니라 투자자들에게도 호텔 운영 수익 분배금을 나누어 준다는 명목으로 자금을 끌어다 쓰는 등 이 호텔엔 채무가 더 많다고 했다. 하지만 호텔 운영이 잘 안 되어서 수익 분배금이 제대로 지급되지 못하고 있다고도 했다. 그의 말은 바꾸어 말하면 형식적 호텔 소유권자인 박 사장의 비서도 혐의가 약하다는 말이 되었다.

이것저것 좀 더 확인해 본 결과 조폭의 말에 어느 정도 신빙성이 있다고 판단되었다. 나는 수사 면담을 통해 그들에 대한 의심을 거두었다. 그리고 그때쯤 교민들에게 또 다른 첩보가 입수되었다. 바로 드라마 〈카지노〉에 나온 차무식의 실제 모델, 필리핀의 한국인 카지노업자가 이 청부살인의 배후자일 가능성에 관한 첩보였다.

카지노업자는 박 사장과 함께 카지노를 운영하고 있었는데, 첩보를 제공한 제보자들은 그가 박 사장의 호텔은 물론, 카지노까지 모두 차지하기 위해 청부살인을 의뢰한 것이라고 주장했다. 게다가 그 카지노업자가 인터폴 적색수배자인 만큼 하루빨리 검거해야 한다는 말도 덧붙였다.

사실 나는 앙헬레스 코리안데스크로 왔을 때부터 이 카지노업자에 대해 알고 있었다. 그는 이미 필리핀에서 추방 명령을 받은 바 있지만, 놀랍게도 과거에 있었던 한국인 대상 청부살인사건과 관련해 대한민국 대사관과 긴밀한 협업 관계에 있는 사람이었다(실제로 그는 사건 해결에 많은 도움을 주고 있었다). 또한 앙헬레스엔 그보다 검거가 시급한 적색수배자가 워낙 많다 보니 검거 우선순위에서 밀려나 있는 상황이기도 했다.

그럼에도 항상 이런 사건이 발생하면 배후자로 가장 먼저 지목받는 사람 또한 그 업자였다. 그도 그럴 게 그는 앙헬레스의 카지노업계에서 방귀깨나 뀌는 사람이었다. 음지에서 거친 일을 맡는 필리핀인들과도 깊은 인연을 맺고 있었고, 일 처리도 깔끔했으며, 머리도 비상했다. 더군다나 그는 드라마 〈카지노〉에 나오는 '빅 보스' 다니엘의 모티브가 된 실제 인물과도 연을 맺고 있었다.

그 사람은 필리핀인으로 앙헬레스의 최고 권력자였다. 앙헬레스뿐 아니라 인근 지역의 카지노업계까지 모두 주름잡고 있었고, 가족들이 주지사나 시장을 역임 중이며, 심지어 그가 킬러 조직을 데리고 있다는 풍문까지 들릴 정도였다. 그래서 그와 인연이 있는 카지노업자 또한 앙헬레스의 교민들에게는 두려움의 대상이었다.

내게 카지노업자에 대한 첩보를 제공한 교민들은 그를 빨리 검거해 달라고 요청했다. 나 역시 그들의 첩보를 토대로 카지노업자를 조사했으나 이 피살사건과 관련해 별다른 혐의점은 발견하지 못했다. 그렇지만 그가 청부살인 의뢰를 가장 손쉽게 할 수 있는 사람이란 점도 사실이었다. 카지노업자에 대한 고민이 계속되었다.

서로 다른 몽타주

"누가 저한테 손으로 총 쏘는 시늉을 하고 갔어요!"

한국인 목격자의 연락이었다. 그는 킬러의 몽타주를 제작하고 돌아가는 길에 누군가가 지나가며 커터 칼로 자기 가방을 긋고 갔다고 했다. 그때는 우연이거나 장난이겠거니 하고 넘겼는데, 다음 날 운전 중 잠시 정차한 자신의 차 옆에 다른 차 한 대가 다가오더니 마치 영화 속 한 장면처럼 운전석 창문을 내리곤 그 안에서 한 필리핀인이 손가락으로 총 쏘는 시늉을 했다고 말했다. 그 필리핀인은 손가락을 입으로 가져가며 마치 지퍼를 잠그는 듯한 시늉까지 냈다고 했다. 지금부터 조용히 하지 않으면 총에 맞을 수 있다는 강력한 경고 메시지였다.

"만약 진짜 죽이려고 했으면 거기서 바로 총을 쏴버렸을 거예요."

목격자를 안심시키기 위해 최대한 무덤덤하게 말했지만 그 메시지는 내게도 큰 압박감을 주었다. 수도인 마닐라나 다른 동네라면 몰라도 이곳은 앙헬레스다. 이 좁디좁은 곳에서는 나조차도 집 주소와 차 번호, 심지어 식사 장소까지 개인 신상 정보가 쉽게 퍼져나간다. 코리아타운에 차를 대고 밥을 먹고 있으면 그 차만 보고 내게 바로 연락이 올 정도니 말이다. 다시 말해 이 사건의 누군가가 타깃이 된다면 그만큼 내 신상이 노출되는 것도 쉽다는 의미였다.

이미 이 총기 청부살인사건의 배후자가 한국인이란 사실은 앙헬레스의 교민 대다수도 직감적으로 눈치채고 있었다. 실제로 사건이 발생한 이후 교민 사회의 분위기는 묘하게 바뀌어 있었다. 교민들의 말수는 전보다 더 적어졌고, 사건이 발생했던 코리아타운에 사는 필리핀인들의 눈빛도 예사롭지 않게 바뀌었다.

그러니 목격자에 대한 위협이 그냥 넘길 문제는 아니다. 이 위협은 나를 향한 위협이 될 수도 있었다. 마치 '더 이상 파고들면 죽는다'는 메시지 같기도 했다. 하지만 그렇다고 내가 이 사건을 파헤치지 않으면 늘 그랬듯 이 사건 또한 미제 사건으로 묻혀버릴 게 자명했다.

한편 카지노업자를 배후자로 지목한 교민들의 검거 요청이 계속되었다. 더 이상 그들의 요청을 무시했다간 오히려 내가 더 의심을 사게 될 판이었다. 결국 나는 앙헬레스 CIDG와 함께 그를 어떻게 검거할지 작전을 논의하며 그의 소재를 추적하기 시작했다.

하지만 그는 우리의 추적 사실을 눈치라도 챈 듯 순식간에 자취를 감췄다. 며칠째 묘연한 그의 행방을 두고 고민하던 중 필리핀 경찰에서 한 가지 묘책을 냈다.

"카지노를 운영하니까 사업이라도 제안하면 나타나지 않을까? 북한의 김정은이 같이 카지노 사업을 하고 싶다고 하면 어때?"

허무맹랑하지만 아예 설득력이 없는 이야기도 아니었다. 실제로 그를 검거하기 위해 사용했던 이 낚시 작전은 드라마 〈카지노〉에도 반영되어 김정은이 카지노 사업을 제안하는 장면으로 나오기도 했다.

우리는 그에게 문자를 보냈다. 카지노업자는 마치 기다렸다는 듯 답장을 보냈다. 문자를 주고받은 며칠 뒤 그와의 만남이 성사되었고, 카지노업자는 그렇게 검거되었다. 그는 검거 후 3일 만에 국내 송환이 결정되었는데, 그렇게 전례 없이 빠른 송환 결정 또한 굉장히 이례적인 일이었다. 카지노업자 검거 작전이 있고 며칠 뒤 CIDG 대장에게 전화가 왔다.

"여기 지금 큰일 났어! 그 사람이 사무실에 찾아왔다고!"

'그 사람'이란 앞서 말한 앙헬레스 최고 권력자, '카지노 왕'으로 불리던 필리핀인이었다. 그는 앙헬레스가 속한 팜팡가주의 주지사인 자신의 아내와 함께 앙헬레스 CIDG에 찾아와 카지노업자를 검거한 데 항의했다. 좀 더 정확히 말하면 업자를 검거한 것보다는 자신의 카지노에서 검거 작전을 수행한 것에 대한 항의였다. 알고 보니 우리가 카지노업자를 검거했던 카지노는 이 필리핀인 집안에서 운영하는 호텔에 있던 카지노였다.

"그 한국 경찰관 어디 있냐고 묻던데, 아무래도 당분간 몸조심해야겠어. 우리도 당분간은 조심하려고."

CIDG 대장은 내게 경고 아닌 경고를 보냈다. 그 일이 있고 나는 일주일 동안 강제 휴가에 들어갔다. 말이 휴가지, 혹시나 모를 위협이나 해코지에 대비한 칩거였다. 그건 CIDG도 마찬가지였다. 카지노업자 검거 작전에 함께했던 필리핀 경찰관들은 모두 뿔뿔이 흩어져 당분간 몸을 숨기기로 했다. 경찰마저 긴장하게 할 만큼 앙헬레스에서 '그 사람'의 영향력은 생각보다 훨씬 어마어마했다.

박 사장이 피살되고 어느덧 두 달이 지났다. 국내로 송환되었던 카지노업자는 그간 추가로 조사한 결과, 총기 청부살인 사건과 관련된 혐의점은 없다고 잠정적으로 결론을 내렸다. 오히려 박 사장의 호텔 소유권을 둘러싼 분쟁만 더 심해지고 있었다. 계약서를 위조하는 등 이해관계자 사이엔 고소가 난무했다. 몇몇 사람들은 내게 이 분쟁에 개입해 중재해 달라 요청하기도 했지만, 나는 코리안데스크였기 때문에 살인사건 같은 강력범죄에 대한 수사 공조만 할 수 있었다. 이런 민사 사건엔 관여할 수 없었다.

이 총기 청부살인사건은 한국인과 필리핀인을 비롯해 많은 사람이 사건에 연루되어 있는 것처럼 보였지만, 필리핀에서는 CCTV 분석이나 계좌 추적 같은 수사 기법이 통하지 않았다. 게다가 이 사건의 수사와 관련된 모든 걸 혼자 진행해야 했기 때문에 힘들고 답답한 날의 연속이었다. 사방팔방으로 쫓아다녔는데도 킬러나 청부살인 의뢰자 추적엔 진전이 없었다.

수사에 진척이 없자 코리안데스크로서의 압박감도 나날이 심해졌다. 카페에서 음료를 마시며 잠시라도 쉬면 주변에서 마치 나를 '그럼 그렇지' 하는 눈빛으로 바라보는 것만 같았다. 이게 영 기분 탓만은 아닌 게 실제로 한 교민이 그런 나를 보고 "지금 살인사건이 일어났는데, 여기서 뭐 하고 계세요"라고 대놓고 이야기한 적도 있었다.

하지만 더 이상 배후자에 대한 첩보는 들어오지 않았다. 이런 상태라면 나는 차라리 킬러를 먼저 검거하는 데 집중하는 편이 낫겠다는 생각이 들었다. 킬러가 잡힌다면 그 너머에 있는 배후자와 좀 더 가까워질 단서가 나올 것 같았기 때문이다. 그래서 거의 매일 아마릴리오를 쪼아댔다. 박 사장의 가족들도 킬러 검거에 포상금을 걸었다.

  그러던 어느 날 아마릴리오가 내게 긴급하게 미팅을 요청했다. 그는 다른 목격자에게 킬러에 대한 정보를 얻어 킬러를 특정했고, 새로운 몽타주도 제작했다고 알렸다. 사건이 발생한 이후 처음으로 의미 있는 진전이었다. 하지만 카페에서 아마릴리오를 만난 나는 멘붕에 빠졌다. 추가로 확보된 킬러의 몽타주는 한국인 목격자가 묘사했던 최초의 몽타주와 너무 달랐다. 대놓고 말하면 두 몽타주는 서로 반대되는 특징을 가진 사람들을 대조해 놓은 것 같았다.

  하지만 아마릴리오는 킬러의 집 주소가 거의 특정되었다며 상황을 봐서 검거도 시도할 것이라 말했다. 나는 그의 말을 듣고 잠시 생각에 빠졌다. 어디서부터 잘못된 걸까. 한국인 목격자가 킬러를 잘못 묘사한 건가? 아니면 필리핀 경찰에게 다른 꿍꿍이가 있는 건가? 하지만 그렇다고 해서 필리핀 경찰의 주장을 무시할 수만도 없는 노릇이었다. 또 이 두 몽타주가 사실은 동일인일 수도 있는 것이고 말이다. 무엇이 진실인지 한 치 앞도 보이지 않는 어둠 속에서 사건이 다시 미궁에 빠지는 느낌이었다.

진짜가 아닐지도 몰라

아마릴리오는 내가 있는 앙헬레스 CIDG와도 수사 관련 공조를 진행하고 있다고 말했다. 나는 사무실로 돌아가 CIDG 대장과 현재 상황 및 수사 계획을 이야기했다. 내 이야기를 들은 대장은 특유의 비릿한 미소를 지으며 현재 킬러로 추정되는 범인의 집 주변을 감시하고 있고, 조만간 검거할 계획이라고 알려주었다. 만약 그들이 킬러를 검거하는 데 성공한다면 역사상 처음으로 앙헬레스에서 발생한 한국인 대상 청부살인사건의 킬러가 잡히는 것이다. 킬러를 검거하는 건 필리핀 경찰이 맡기로 한 일이었으니 지금부터는 무조건 필리핀 경찰을 신뢰해야 했다. 조금씩 킬러 검거에 대한 기대감이 높아졌다.

하지만 한 가지 걱정이 있었다. 바로 지난번 '필리핀 경찰 사칭사건' 때처럼 킬러를 검거해도 보석으로 금방 석방되는 건 아닐까, 하는 걱정이었다. 게다가 필리핀에서는 살인범조차 그들의 방어권을 보장해 주기 위해 보석으로 석방되는 걸 허용하는 경우가 꽤 많다고 들었다. 킬러가 보석으로 석방된다면 사건은 다시 새로운 국면에 접어들게 될지 몰랐다. 내 신변 또한 안전을 보장받을 수 없을 것이다.

"걱정 마. 킬러가 보석으로 석방되진 않을 거야. 집 안에 수류탄이 있을 수도 있거든."

대장은 장난기 가득한 얼굴로 말했다. 갑자기 웬 수류탄? 내가 아는, 전쟁에서 쓰는 그 폭탄을 말하는 건가 싶어 순간 내 귀를 의심했다. 하지만 영 미심쩍던 대장의 표정에 장난 이겠거니 하고 넘겨버렸다.

며칠 후 CIDG 대장이 늦은 저녁 시간 때 킬러 검거 작전을 진행할 것이라고 말했다. 나는 대한민국 대사관과 한국 경찰청에 킬러의 검거가 임박했음을 전하고 초조하게 검거 소식이 들리기만을 기다렸다. 앞서 말했듯 지금까지 이런 사건에서 킬러가 검거된 사례가 전무했기 때문에 대사관과 경찰청뿐 아니라 교민 사회에서도 킬러 검거가 초미의 관심사였다.

자정이 다 되도록 필리핀 경찰 쪽에서는 연락이 없었다. 나는 몰려오는 졸음과 싸우며 계속 기다렸다. 새벽 1시쯤 되었을 때 대장에게 검거를 완료했다는 문자가 날아왔다. 날아갈 듯 기쁜 마음에 대한민국 대사관과 한국 경찰청에 킬러 검거 소식을 발 빠르게 전했다.

다음 날 일찍 출근한 나는 앙헬레스 CIDG에 격려의 말을 건넸다. CIDG에서 검거 경위와 킬러의 사진, 압수물품 등

이 기재된 검거 보고서를 받아 읽었다. 압수물품 목록을 보는 순간 '수류탄'이란 단어가 눈에 띄었다. 킬러의 집에서 진짜로 수류탄이 발견된 것이다. 순간 전에 킬러가 보석으로 석방되지는 않을 것이라 했던 대장의 말이 떠올랐다. 참고로 필리핀에서는 살인범이 불법 총기를 몇 자루 소지하고 있다고 해도 보석이 가능하지만, 수류탄은 한 개라도 소지했을 경우 보석이 불가능하다.

항간엔 필리핀 경찰이 범인을 검거할 때 추후 범인이 보복할 걸 방지하기 위해서 보석으로 석방되지 못하도록 일부러 몰래 수류탄을 가져다 집에 심어둔다는 이야기도 있었다. 이 킬러의 집에서 나온 수류탄도 진짜 킬러의 수류탄이었을까? 정확한 건 알 수 없지만, 어쨌든 석방이 되지는 않는다니 다행이었다.

검거 보고서를 다시 살펴보니 검거 당시 현장에서 찍힌 킬러의 사진이 있었다. 사진을 본 나는 작은 탄식을 뱉고 말았다. 검고 둥근 얼굴에 툭 튀어나온 배. 사건 발생 당시 CCTV 상으로 확인했던 킬러의 모습과는 조금 달랐다. CIDG에서는 그동안 킬러가 살이 많이 쪘다고 말했다. 그렇다고 하니 할 말이 없었다. 정말로 그랬을 수도 있으니 말이다.

앙헬레스 CIDG 대장은 필리핀 지방 경찰청의 CIDG 과장에게 사건 보고를 하러 가야 한다며 내게 동행을 요청했다. 지방청 CIDG의 과장 역시 대장과 비슷하게 비릿한 미소를 지었다. 그 미소를 보자마자 둘이 같은 라인이란 생각이 들었다. 갑자기 '앙헬레스 코리아타운 유흥주점 상납사건'이 떠올라 기분이 나빠졌다.

지방청에 도착한 나는 일단 지방청의 CIDG 과장에게 박 사장 총기 피살사건의 킬러를 검거한 데 대해 감사 인사를 전했다. 그와 추가로 이런저런 대화를 더 나누다가 은근슬쩍 킬러가 최초 몽타주나 CCTV에 찍힌 모습과 조금 다른 느낌이 드는 것 같다고 말했다. 그 말을 들은 과장이 발끈했다.

"필리핀에서의 사건 수사는 필리핀 경찰이 하는 거야! 그렇게 계속 의심할 거면 그냥 한국으로 돌아가!"

선을 넘은 과장의 말에 순간 욱하는 감정이 올라왔지만 꾹 참았다. 열받긴 하지만 과장의 말이 맞다. 나라도 한국에서 한국 경찰이 수사해 결과를 내놓았는데, 외국에서 온 경찰관이 감 놔라 배 놔라 하고 간섭하면 똑같이 말했을 것이다.

찝찝한 마음을 뒤로하고 차에 올라 사무실로 돌아가는데, 한인회에서 고생했다는 연락과 함께 대한민국 대사관에서도 연락이 왔다. 경찰 영사였다.

"이 경감, 대단한데?! 필리핀 경찰까지 움직일 줄도 알고 말이야. 고생했네! 필리핀 내무부에서도 장관이 직접 우리 대사님께 이번 청부살인사건의 킬러를 검거했다고 연락했다네. 대사님이 이 경감에게 고생했다고 말씀 전해달라고 하셨네."

분명 칭찬인데 왠지 기분이 꺼림칙했다. 내 몸과 마음에서 거부반응이 일어나고 있었다. 이번에 검거한 킬러가 진짜가 아닐지 모른다는 생각이 나를 지배했다. 속된 말로 '엉뚱한 놈으로 물타기 해서' 사건을 종결시키려 하는 그런 건 아닐까, 하는 생각도 들었다. 물론 그렇다고 해서 검거된 킬러가 죄 없는 선량한 시민은 아닐 것이다. 필리핀에서는 범죄자들을 쟁여두었다가 필요할 때 꺼내서 검거하는 경우도 있기에 그 또한 아직 검거하지 않고 '쟁여둔 범죄자'였을 것이다.

아무튼 이 사건은 필리핀 내무부 장관이 대한민국 대사관에 공식적으로 박 사장을 죽인 범인을 검거했음을 표명했기 때문에 완전히 종결된 사건이 되었다. 내가 만약 여기서 다시 킬러의 진위에 관한 의문을 제기한다면 그건 필리핀 정부에 대해 정면으로 반反하는 모양새가 될 것이다.

킬러 검거 후 나는 앙헬레스 CIDG 유치장에 수감된 킬러와 수차례 면담을 진행했다. 그를 어르고, 달래고, 반협박도 해보는 등 별짓을 다 해보았지만 킬러의 대답은 한결같이 자신의 살인 혐의를 부인하는 말뿐이었다. 더 이상 면담해 봤자 큰 의미가 없어 보였다. 필리핀 경찰도 이제 이 사건에 주목하지 않았다. 그뿐만 아니라 한국 경찰청과 앙헬레스의 교민들도 '킬러라도 잡은 게 어디냐'며 더 이상 관심을 가지지 않았다.

하지만 나는 이 사건을 놓을 수 없었다. 일단 유치장의 킬러가 진짜인지 아닌지를 떠나서 내게 가장 중요한 건 이 청부살인사건을 일으킨 한국인 배후자를 색출해 내는 것이었다. 킬러를 검거하는 건 그저 하나의 과정일 뿐이었다. 배후자를 검거하지 않으면 이 살인사건은 종결되지 않을 것이다. 또한 그런 사람들이 계속해서 있는 한 청부살인의 굴레도 계속될 것이었다.

그렇다. 대장간을 망하게 하려면 대장장이를 잡아야지, 백날 칼만 부러뜨리고 있으면 답이 없다. 어디선가 이 청부살인사건의 배후자가 날 보며 "훗, 역시 난 못 찾을 줄 알았어"라고 비웃고 있는 것만 같아 짜증이 났다.

밝혀진 그날의 진실

혹시나 드라마 〈카지노〉를 재미있게 본 독자라면 지금까지의 이야기가 익숙하게 다가왔을지도 모르겠다. 그도 그럴 게 내가 감독에게 이 청부살인사건을 알려주었을 때 상당 부분이 실제 드라마 시나리오에 그대로 반영되었기 때문이다. 하지만 지금부터는 수사에 도움을 준 정보원의 신상이 노출될 수 있다는 점을 고려해 사건 내용을 축약하거나 생략해서 말하고자 한다. 또한 사건 이해를 돕기 위해 킬러 검거 후 몇 달을 건너뛴 시점에서부터 이야기를 다시 전개한다는 것도 미리 알린다.

킬러가 검거되었던 2015년 11월에서 8개월 정도가 지난 2016년 7월경. 나는 다른 여러 사건을 수사하는 중에도 '박 사장 총기 피살사건'에 대한 의문을 놓지 못한 채 여전히 틈만 나면 관련 첩보들을 얻고 다녔다. 하지만 8개월 정도 지나니 아무도 그 사건에 관심이 없었다. 어쩌면 독자 중에서도 내가 굳이 사서 고생하고 있는 게 아닌지 의아해하는 사람이 있을지 모른다. 누가 내게 이 사건을 파헤치라고 총 들고 협박한 것도 아니었는데, 나는 이 사건을 놓지 못했다.

필리핀 내에서도 앙헬레스는 청부살인으로 얼룩진 도시

다. 수많은 청부살인사건이 발생했음에도 그 청부살인의 배후자가 누구인지 밝혀진 사건은 단 한 건도 없었다. 그래서 나는 이번에야말로 반드시 사건을 파헤쳐 배후자를 밝혀내고 싶었다. 그러다 보면 박 사장 총기 피살사건의 전말을 모두 알고 있는 사람도 언젠가 사건의 진실을 입 밖으로 꺼내줄 날이 올 것이라 믿었다. 이런 내 마음을 앙헬레스의 하늘도 알아준 건지 운 좋게도 내게 첩보 하나가 날아들었다. 선물 같은 첩보였지만 그 내용은 너무나도 충격적이었다.

결론부터 말하면 박 사장 총기 피살사건의 배후자는 예상했던 대로 한국인이 맞았다. 사건은 '한국인 남성 호텔 투자자 → 한국인 여성 식당 주인 → 식당 주인의 필리핀인 남자친구 → 필리핀인 킬러 → 박 사장'으로 이어진 것이었다(참고로 여성 식당 주인은 드라마 〈카지노〉에서 배우 김주령이 연기한 식당 주인, 진영희의 모티브가 된 사람이다).

박 사장 총기 피살사건은 박 사장이 운영하던 호텔에서부터 시작된다. 한국인 남성 호텔 투자자는 박 사장의 호텔에 5억 원가량을 투자하고 호텔 운영 수익금을 분배받기로 약속받았다(앞서 조폭이 호텔의 채무에 관해 알려줄 때 말했던, 수익금을 분배받을 요량으로 투자한 사람 중 한 명이다). 하지만 수익금은 제대로 지급되지 않았다. 호텔 투자자는 박 사장에게 수익금을 달라 독촉했고, 그의 독촉을 견디다 못한 박 사장은 그에게 "여기, 필리핀이에요. 까불다간 죽습니다"라고 말했다.

박 사장의 말에 모욕감을 느낀 투자자는 당시 앙헬레스 코리아타운에서 식당을 운영하던 한국인 여성에게 이 이야기를 털어놓았고, 식당 주인은 투자자에게 청부살인을 제안했다. 식당 주인은 자신의 필리핀인 남자 친구에게 청부살인 의뢰를 부탁했고, 그가 1억이란 보상금으로 필리핀인 킬러를 고용하며 청부살인이 성사된 것이다.

그들은 식당 주인의 남자 친구에게 한화 2000만 원 정도를 착수금 명목으로 먼저 지급한 뒤 박 사장이 죽은 걸 확인하고 나머지 돈을 지급했다. 심지어 청부살인이 일어난 날 저녁, 그들은 식당 주인의 식당에서 축하 파티까지 열었다. 검거되었던 필리핀인 킬러는 역시나 그날 살인을 저지른 진짜 킬러가 아니었다.

나는 이 첩보를 듣고 충격에 빠졌다. 이 사건의 배후자가 한국인일 것이라고 막연히 예상하곤 있었지만, 막상 진짜 그렇다고 하니 그 충격이 배는 되었다. 같은 사람으로서 서로

돕고 살아도 모자랄 판에 킬러를 고용해서 살해하다니……
외국에서 들으니 그 현실이 더 서글펐다.

물론 이 첩보를 모두 믿을 순 없었다. 그래서 나는 여러 경로를 통해 크로스체크를 거쳤고, 사건에 연루된 사람들의 모든 인적 사항과 한국인 환전상의 계좌로 착수금 2000만 원이 입금된 사실까지 모두 파악했다. 이렇게 객관적 증거들이 뒷받침된 첩보였기에 충분히 신뢰할 수 있었다.

그러면 나는 이제 이 첩보 내용을 토대로 그들을 검거하면 될까? 머리를 쥐어뜯게 하는 고민이 꼬리에 꼬리를 물고 이어졌다. 먼저 '누구와, 언제, 어떻게 수사를 재개할 것인가' 하는 문제가 있었다. 앞서 말했듯 이 사건은 필리핀에서는 종결된 사건이다. 하지만 나는 사건의 배후자들을 모두 한국으로 잡아들여 처벌받게 하고 싶었다. 그러기 위해서는 한국 경찰과 수사를 재개해야 했다.

그러나 내가 한국 경찰청에서 수사팀을 배정받아 진행하면 되는, 그런 간단한 문제도 아니었다. 호텔 투자자는 한국에 거주하고 있었고, 식당 주인은 필리핀에 거주하고 있었다. 그 말인즉슨 이곳에서 내가 식당 주인을 검거하더라도 이민청과 별도로 국내 송환 절차를 협의해야 한다는 소리였고, 그 과정은 굉장한 시일이 소요될 수도 있었다.

또한 나 때문에 타의로 이 사건을 배정받게 된 수사팀이 등 떠밀려 사건을 수사하면 이 사건을 절대 해결하지 못할 수도 있겠다는 생각이 들기도 했다. 참고로 이 사건은 진짜 킬러의 진술을 받지 못한 채 한국인 배후자들만 살인교사죄로 처벌해야 했는데, 이는 대법원에서도 유죄를 인정한 사례가 없는 사건이었다. 결국 나는 코리안데스크 활동이 종료되고 한국으로 돌아가면 내가 직접 수사팀을 꾸려 끝까지 제대로 파헤쳐야겠다는 결론에 이르렀다.

이러한 결론을 도출한 뒤 그날부터 나는 '언젠가 올 그날'을 위해 증거를 수집해 나갔다. 사건의 배후자들을 처벌받게 하려면 그들의 진술에 상관없이 꼼짝 못 할 증거를 확보해야 했고, 주요 증인들도 잘 관리해야 했다. 틈틈이 수사 관련 자료들을 수집하며 수사팀을 꾸린 뒤엔 이 사건을 어디서부터 어떻게 재개할지 수사 방향에 관해서도 기록해 두었다. 한국과 필리핀 양국에서 배후자들을 검거할 시점, 검거 시 주의사항, 검거 이후 국내 송환 전략뿐만 아니라 앞으로의 위험 요소들도 대비해 나갔다.

사실 코리안데스크 활동이 끝나고 한국에 돌아가면 나는 거기서 주어진 또 다른 일들을 쉴 틈 없이 바로 시작해야 한다. 그러니 이 사건의 수사를 재개한다는 건 내 공식 업무와는 별도로 내가 따로 시간을 내어 진행해야 한다는 말이다. 나는 A4용지 10여 장 분량의 파일에 비밀번호를 걸며 잠시 생각에 잠겼다.

나는 행여나 이 계획이 외부에 알려질까 봐 한국 경찰청은 물론, 가족이나 지인에게도 말하지 않고 비밀에 부쳤다. 그렇게 수개월간 진실에 대해 침묵하니 한편으로는 고통스럽기도 했다. 사람을 죽인 진범이 따로 있다는 사실을 안다는 것 그리고 그 사실을 침묵해야 한다는 건 생각보다 정신적으로 꽤 큰 부담이 되는 일이었다. 경찰관으로서도, 한 사람의 인간으로서도 이 침묵은 보통 버티기 힘든 무게가 아니었다.

하지만 견뎌내야 했다. 나는 언젠가 내 양심이 보상받는 날이 올 것이라 믿으며, 동시에 그날엔 하늘에 있을 박 사장이 조금이나마 편히 쉬게 되기를 기도하는 것밖에 할 수 없었다.

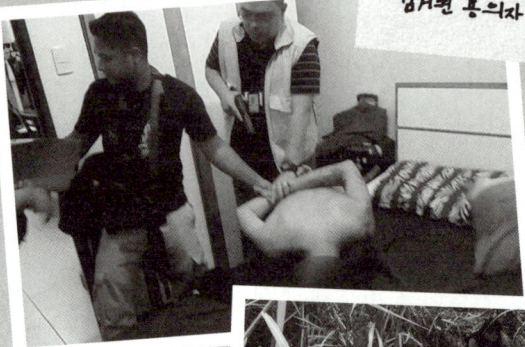

37일의 추적 끝에 검거된 용의자

공동초사팀과의 현장 조사

늦은 새벽까지 진행된 회의

코리안데스크 　 사건일지 03 　 2015. 겨울 ~ 2016. 겨울

Korean Desk. Lee | Date. 2015, Winter

삶과 죽음, 그 어딘가

#3-1	빛이 있는 곳에 어둠도 있나니
#3-2	사탕수수밭에 버려진 시신*
#3-3	경찰로 산다는 것

[#3-1]

빛이 있는 곳에 어둠도 있나니

멈춰버린 생을 마주한다는 것

코리안데스크로 필리핀에 오고 처음으로 겨울을 맞았다. 사실 이 더운 나라에서 '겨울'이라는 단어는 굉장히 어색하지만, 필리핀도 12~1월은 기온이 20도로 떨어지는 등 나름대로 1년 중 가장 추운 시기라 겨울이라고 부른다.

우리나라에서 20도 정도의 기온은 나들이 가기 딱 좋은 온도지만, 필리핀은 평균 기온이 30~35도인 곳이다. 게다가 한여름엔 40도를 훌쩍 넘는 날도 많다. 그러니 20도는 얼마나 싸늘하겠는가. 그래서 이때 필리핀에서는 얇은 패딩을 입는 사람들도 종종 볼 수 있다.

필리핀은 남반구에 있는 국가는 아니지만 적도 근처에 위치한 국가라 보통 '서머 크리스마스'를 맞게 된다. '오직 크리스마스 하루를 위해 1년을 버틴다'는 말이 있을 정도로 필리핀은 크리스마스에 진심인 국가다. 나도 서머 크리스마스는 난생처음 경험해서 신기했다. 환한 겨울 크리스마스트리가 따뜻함을 풍긴다면 여름 크리스마스트리는 어딘가 시원함을 풍겼다.

이즈음 나는 아무래도 연말이 다가오면서 겨울을 타게(?) 된 건지 부쩍 생각이 많아졌다. '박 사장 총기 피살사건'을 수사하면서 느꼈던 죽음에 대한 공포가 왠지 계속 사라지지 않고 남아 나를 괴롭혔다.

고작 손가락 한 마디 길이에 불과한 작은 총알이 한순간에 신체를 관통한다······. 이곳에서는 지금처럼 반짝이는 크리스마스트리와 불꽃놀이를 보지 못하고 갑자기 영면에 빠지게 될 가능성이 모든 사람에게 있다. 허무했다. 물론 아직 누가 내게 대놓고 총을 겨눈 적은 없었지만, 사건을 수사할 때마다 왠지 저 멀리 어디선가 저격수가 내게 총구를 겨누고 있는 듯한 느낌을 받을 때가 많았다.

죽음을 생각하다 보니 지난 1년간 부검실을 드나들며 보았던 안타까운 죽음들이 하나씩 떠올랐다. 부검실이야말로 죽음을 가장 많이, 가장 쉽게, 가장 가까이에서 접할 수 있는 곳일 것이다. 모든 죽음이 대체로 안타깝지만, 그중 특히 내 마음을 울렸던 두 건의 죽음이 있다.

코리안데스크로 부임한 지 얼마 되지 않았을 때였다. 일고 여덟 살 정도 된 한국인 아이가 워터파크에서 익사했다는 신고가 접수되었다. 영어 캠프에 참가했던 아이는 캠프 마지막 날을 기념하여 놀러 간 워터파크에서 사고를 당했다. 신고를 받은 나는 부검실로 향했다.

당시 나는 외국의 부검실을 방문하는 게 처음이라 호기심과 긴장감이 반씩 섞여 있었다. 하지만 부검실에 도착하자 오히려 당혹감이 밀려들었다. 부검실 출입문은 마치 좁은 도로변에 있는 작은 국밥집같이 길가에 아무렇게나 나 있었다.

문을 열고 안으로 들어가니 마치 목욕탕 같은 5평 남짓한 공간이 나왔다. 입구 바로 옆에 수술대 같은 은색 철제 침대가 세 개 있었고, 정체 모를 커다란 검정 봉지가 굴러다니고 있었다. 바닥은 깨진 채 누렇게 색이 바랜 타일들로 뒤덮여 있었다. 이런 곳에서 시신을 부검한다니, 인간에 대한 모욕이라고 생각될 정도였다.

아이는 철제 침대에 발가벗겨진 채 덩그러니 누워 있었다.

볼록하게 부푼 배를 누르니 아직도 입에서 뻐끔뻐끔 물이 나왔다. 그 모습을 보니 마음이 저렸다. 아직 꽃도 못 피워본 아이의 죽음도 슬펐지만, 그 아이가 누워 있는 이곳의 환경이 나를 더 서글프게 했다. 아이의 부모가 아니더라도 누구나 이 장면을 보면 분명히 눈물을 흘렸을 것이다.

다른 하나는 풀빌라 수영장에서 20대 한국인 여성이 익사했다는 신고였다(다소 자극적인 장면 묘사가 있으니 혹시 심약자라면 이 이야기는 건너뛰어도 좋다). 신고를 받고 사건 현장에 도착한 순간 나는 온몸에 소름이 돋았다. 수영장 안에 커다란 검은 실타래 같은 긴 머리카락이 둥둥 떠다니고 있었다. 눈을 비비며 한참을 자세히 보니 이윽고 그 실타래 사이로 마네킹처럼 뻣뻣해진 시신이 보이기 시작했다. 유난히 까맣고 긴 머리카락과 새하얀 피부가, 쏟아지는 필리핀의 햇살이 비추는 수영장의 파란 바닥 타일과 대조되어 아주 기괴하고도 비현실적인 분위기를 만들었다.

부검실로 시신을 옮긴 뒤 나도 부검에 참관했다. 필리핀은 행정 처리가 느리다 보니 기다려서 부검 결과를 받아보려면 상당한 시일이 걸린다. 그래서 나는 종종 자살인지 타살인지 신속히 파악하기 위해 직접 시신 부검에 참관하여 부검의에게 확인하곤 했다.

부검의는 메스를 들고 거침없이 시신의 배를 갈랐다. 갈비뼈를 지나 조심스레 심장, 폐, 간, 위 등 시신의 장기들을 차례대로 하나씩 꺼냈다. 항상 느끼지만 시신을 부검할 때는 시신이 마치 인형 같아 보일 만큼 모든 순간이 비현실적으로 다가온다. 사람들은 경찰이 부검 때도 전혀 아무런 감정도 느끼지 않는 사람인 것처럼 말하지만, 우리도 사람인데 절대 아무렇지 않을 리가 없다. 직업상 아무렇지 않은 '척'을 할 뿐이다.

한 발 뒤에서 바라본 죽음은 유난히 슬펐다. 길고 검은 머리카락이 부검실 바닥에 닿을 정도로 흘러내리고 있었고, 가슴은 절제되어 있었다. 장기를 꺼낸 부검의는 곧 뇌를 부검하기 시작했다. 부검의는 이마에서 양쪽 귀까지 시신의 피부를 자른 뒤 손을 넣어 가발 벗기듯 피부를 벗겨냈다. 마치 가죽가방을 찢는 듯한 소리에 온몸엔 다시 소름이 돋았다. 긴 머리카락이 붙어 있던 두피가 다 떨어지자 하얀 두개골이 모습을 드러냈다. 부검의는 30센티미터 정도 되는 톱을 가져와 두개골을 톱질했다(전기톱이 아니라 일반 톱이었다). 고요한 부검실에 쓱싹거리는 소리가 울려 퍼졌다.

'이거 계속 보고 있어야 하나……?'

한 시간 같은 1분이 지났을 때쯤 삥 하는 소리와 함께 시신의 두개골이 열렸다. 이 글을 쓰고 있는 지금은 그때부터 10년이 지난 시점인데도 여전히 그 장면과 소리가 생생하게 기억나는 걸 보면 나 역시 그때의 부검이 꽤 충격적이었던 모양이다.

같은 시신 부검이라도 필리핀에서 보는 부검과 한국에서 보는 부검은 사뭇 달랐다. 열악한 외국의 부검실 환경에서 마주한 죽음이라서 그런지 그곳에서 시신을 마주할 때면 늘 더 안타깝고 슬펐다. 특히 총에 맞아 죽거나 총으로 자살한 시신을 볼 때면 나는 차디찬 철제 침대 위에 놓인 시신에 내 모습을 투영했다. 남들이 볼 때는 무서울 것 하나 없어 보이는 경찰관이지만, 그렇다고 해서 내가 '아이언맨'처럼 가슴팍에 철갑옷을 두르고 있는 건 아니니 내게는 이 시신이 내가 될 수 있다는 두려움이 항상 자리하고 있었다.

필리핀에서는 부검실 밖에서도 죽음을 어렵지 않게 마주할 수 있었으니까, 나는 부검실을 다녀올 때면 주변 소리나 인기척에 더 민감하게 반응하며 스스로를 방어하려 했다.

펑! 펑! 퍼버벙!

집에서 편하게 휴식을 취하던 12월의 어느 날이었다. 나와 가까이 있던 집안 창문 너머로 뭔가 깨지는 듯한 파열음이 연속해서 들렸다. 나는 총소리인가 싶어 소스라치게 놀라며 침대를 박차고 일어났다. 방문이 잠겨 있는 걸 확인하곤 조용히 창문 밖을 살펴보았다. 그동안 잠잠하던 불안감이 다시 몰려왔다.

'누가 우리 집에 침입하려는 건가?'

조용히 숨을 죽이고 있으려니 다시 펑펑 소리가 들리며 뒤따라 아이들의 웃음소리가 들렸다. 어릴 때 '삐리뽕'이라고 부르던, 바닷가에서 불꽃놀이를 할 때 쓰는 저렴한 폭죽이 터지는 소리였다. 이 폭죽 터지는 소리가 마치 권총이 발사되는 소리 같았다.

소리의 정체를 알게 된 나는 그제야 안도의 한숨을 내쉬었다. 우습게 들릴 수 있지만, 그날 나는 내일 당장 앙헬레스 CIDG에 부탁해서 경찰청에서 공식 판매하는 총을 하나 사야겠다고 결심했다. 사실 그간 해외도피사범을 검거하거나 청부살인사건을 수사하면서 스스로를 지킬 수 있는 총 같은 방어 수단이 꼭 필요하다고 생각했는데, 실제로 구비하지는 않았다. '총이 총을 부른다'는 미신 때문이었다.

다음 날 CIDG를 통해 권총을 하나 구매한 뒤 같이 연습 사격을 했다. 집으로 돌아와서는 침대 머리맡 작은 서랍에 그 권총을 집어넣었다. 실제로 사용하기 위해서라기보다는 불안할 때 의지할 수 있는 부적 같은 것이었다. 한국이었다면 항상 같이 다니는 동료들이나 수갑, 테이저 등 나를 보호해 줄 수 있는 것들이 많았겠지만, 다들 알다시피 이곳의 사정은 전혀 다르지 않은가.

나는 연습 삼아 침대에 누웠다가 총을 꺼내는 시늉도 해보았다. 이 작은 녀석 덕분에 심신에도 안정이 찾아오는 듯했다. 나는 다시 한번 총을 꺼내 움켜잡은 뒤 "부디 너를 사용할 일이 없도록 해줘"라고 속삭였다.

침대에 누우니 문득 내 죽음은 어떤 모습일까, 하고 궁금해졌다. 나는 어디선가 사고로 죽게 될까? 아니면 병으로? 그것도 아니면 그냥 노화해서? 아무튼 확실한 건 언젠가 나도 죽는다는 사실이었다. 어쩌면 그게 내일일 수도 있고, 운이 좋다면 50년 뒤의 일이 될지도 모른다. 만약 내가 일상에서 죽음을 보거나 마주할 필요가 없는 직업을 가졌더라면 이처럼 진지하게 내 죽음에 관해 생각해 보지도 않았을 텐데……. 이렇게 죽음에 집중하는 게 내게 좋은 건지 혹은 그저 시간 낭비인 건지 알 수 없었다.

영혼이 빠져나가 텅 빈 시신을 마주하는 일이 축복이자 저주 같았다. 가슴에 쉬이 지워지지 않을 생채기를 남기지만, 그 생채기는 내가 내 삶과 진지한 대화를 나눌 수 있게 만들었다. 그 덕분에 삶의 유한함이 되새겨지고, 매일 삶의 의미도 새롭게 부여된다. 누군가의 죽음은 희미해지던 내 삶의 빛을 감사하게도 다시 밝혀준다. 내가 매일 내뱉는 이 숨조차 매우 고귀하다는 사실을 다시 한번 느끼며 그날 밤은 모처럼 깊은 잠에 들었다.

한국인 킬러의 위장 죽음

앙헬레스 코리안데스크로 부임 후 힘든 일은 강력사건을 수사하거나 적색수배자들을 검거하는 게 아니었다. 오히려 처음 생긴 앙헬레스 코리안데스크의 역할이 무엇인지 정립하고, 업무를 처리하기 위해 주변 환경을 개선해 나가고, 검거 절차를 구축하고, 수사 과정에서 수반되는 위협을 감내하는 일이 더 어려웠다. 부임 첫해는 필리핀 경찰이나 교민들과 스스럼없이 잘 어울리면서도 그들을 감시하고 또 설득해야 하는 일이 대부분이었다. 특히나 필리핀 이민청의 바비는 더 신경 써서 어르고 달래가며 설득해야 했다.

그래도 꽤 많은 일이 있었던 1년이었다. 코리안데스크로 한 해를 지내고 나니 위협을 감지했을 때 강아지처럼 벌벌

떨던 수준에서도 벗어난 듯했다. 그간 검거한 인터폴 적색수배자만 대략 세어봐도 30여 명은 되었고, 청부살인부터 마약 유통, 셋업, 납치, 보이스피싱, 강간 등 범죄 종류를 불문하고 수사 공조도 다방면으로 이루어졌다. 무엇보다 스스로도 내가 굉장히 단단해졌음을 느꼈다. 그래도 이곳이 '한 방에 훅 갈 수 있는' 앙헬레스란 걸 한시도 잊지 않고 예의주시해야 하는 건 변함없었지만 말이다.

이때쯤 외부적으로도 큰 변화가 있었다. 세부 등 필리핀 네 개 지역에 코리안데스크가 추가로 파견된 것이다. 같은 곳에서 근무하는 건 아니지만 나 말고도 코리안데스크 동료들이 생겼다는 사실에 심적으로 든든해졌다. 그러던 어느 날 세부 코리안데스크에게 연락이 왔다.

"세부 적색수배자 명단에 살인범이 있는데, 그 사람 현지 연락처가 앙헬레스 쪽 식당으로 나와요."

이제는 한국 경찰청에서도 인터폴 적색수배자 관리가 잘 되고 있는 모양이었다. 내가 파견될 때만 해도 수배자와 관련한 어떤 정보도 없이 알아서 시작해야 했는데, 이번에 추가 파견된 코리안데스크들은 그때와는 또 상황이 사뭇 다른 듯했다. 나는 세부 코리안데스크에게 사건 관련 자료들을 받아 내용을 살펴보았다.

사실 지금부터 말하려는 사건은 당시 한국 경찰청에서 적색수배자가 한국에 송환된 이후에 언론에 보도하기 위해 필리핀에서의 검거 사실조차 외부에 공개하지 않았던 사건이다. 그러니 이 책을 통해 처음으로 공개되는 이야기다.

세부의 적색수배자는 한국에서 복역 중이던 당시 교도소에서 알게 된 사람에게 청부살인을 의뢰받았다. 출소 후 청부받은 대로 살인을 저지른 그는 필리핀으로 도피했다. 2000년대 초반에 있었던 사건이니 당시에도 이미 15년 가까이 지난 일이었다. 하지만 반대로 보면 놀랍게도 그는 살인 사건을 일으킨 후 15년이나 앙헬레스에서 자신의 정체를 숨긴 채 살고 있는 것이었다. 이러나저러나 그는 청부살인을 저지른 사람, 즉 '한국인 킬러'다. 나는 '박 사장 총기 피살사건'의 진짜 배후자를 검거하지 못했다는 한이 남아 있었던 탓인지 이 사람을 반드시 잡아야겠다고 의지를 불태웠다.

적색수배자의 연락처가 기재된 식당은 처음 들어보는 이름이었다. 나는 신 사장에게 연락해 수배자의 사진을 함께 보내며 이 식당을 아는지 물었다. 한 시간 정도가 지나 신 사장에게 다시 전화가 왔다.

"그 식당, 예전엔 운영했는데 지금은 폐업했다고 하네요.

그리고 보내신 사진 속 사람이 그 식당 주인인 건 맞는데, 이미 죽었다는데요?"

그가 이곳에 온 지 15년이나 지났으니 식당은 폐업했을 수 있다. 하지만 어딘가 이상했다. 신 사장의 말을 한참 되뇌다가 머릿속에서 파박 하고 스파크가 튀었다. 적색수배자가 사망했다는 사실은 거짓이란 확신이 90퍼센트 들었다.

통상 해외에서 한국인이 죽으면 현지 경찰이 대한민국 대사관에 통보한다. 사망 통보를 받은 대사관은 한국 경찰청에 다시 그 사실을 알리고, 경찰청은 사망자가 수배자일 경우 수배를 해제한다. 그러나 이 사람은 여전히 적색수배자였다. 그러니 아직 죽지 않은 것이다. 나머지 10퍼센트? 그건 이 수배자가 어디선가 진짜로 죽었는데 그 시신이 아직도 발견되지 않았을 경우다. 일단 나는 '형사적 직감'으로 그가 사망한 상태로 위장 중일 것이란 생각이 들었다. 며칠이 지나자 신 사장은 내 예상이 맞았다는 걸 알려주었다.

"이 경감님! 그 사람이랑 최근에 연락한 사람이 있었어요! 그 사람, 아직 안 죽었어요!"

내가 아무리 과학수사에 빠삭한 한국 경찰이라고 해도 앙헬레스에서 20년 넘게 산 교민의 정보망과 인맥을 뛰어넘을 순 없다. 신 사장이란 존재는 100명의 어설픈 정보원보다 훨

쎈 빛을 발했다. 그를 곧 찾아낼 수 있을지 모른다는 생각에 가슴이 두근거리기 시작했다. 물론 섣부른 기대는 금물이다. 그는 무려 한국에서 청부살인을 저지른 강력범죄자니 말이다. 잡을 때까지 잡은 게 아니다.

"아마 젊었을 때 사진 같은데…… 그래도 제가 아는 그 사람은 맞는 거 같아요."

적색수배자를 안다던 교민은 면담 자리에서 조심스럽게 말을 이어 나갔다.

"예전에 여기서 식당을 운영했어요. 그런데 어느 날 갑자기 식당을 접더니 교민들과 연을 끊고 지내더라고요. 그래도 저하곤 종종 연락하는 편이었고요."

이 교민을 통해 당장이라도 그 적색수배자를 불러내고 싶었지만, 그렇게 하면 이 교민이 정보를 제공했다는 사실이 금방 밝혀지니 그럴 순 없었다. 그는 수배자가 어디에 살고 있는지 정확히는 모르지만, 교민들이 모여 사는 중심가가 아닌 외곽 지역에 사는 것 같다고 했다.

나는 최근까지도 적색수배자와 연락했다던 그 교민을 통해 수배자의 정확한 현지 연락처를 확보했다. 이제 내가 가진 정보는 수배자가 앙헬레스 외곽 지역에 살고 있다는 사실과 전화번호 두 가지였다. 한국이었다면 전화번호만 알아도 이미 90퍼센트는 끝난 게임이었을 텐데 어렵사리 수배자의 연락처를 알아내도 그걸 잘 활용할 수 없는 이곳의 현실이 새삼 답답했다.

교민과의 면담이 끝난 후 나는 지난번 '한국인 보이스피싱 총책 부부 검거' 때 나름 요긴하게 써먹었던 발신지 분석을 요청했다. 앙헬레스 외곽 지역이란 단서는 너무 광범위했기 때문이다. 물론 발신지 신뢰도는 20퍼센트 미만이지만 그 안에서 유의미한 단서를 하나만 발견해도 큰 도움이 될 것 같았다.

발신지라고 뜨는 위치들은 역시나 엉망이었다. 심지어는 필리핀 최남단 지역으로 뜨기도 했다. 그래도 발신지라고 뜬 위치들을 토대로 나는 레네, 신 사장 그리고 신 사장의 가게에서 일하는 필리핀인 종업원들까지 총동원해 그 위치가 속한 지역들을 살펴보기로 했다.

쭉 살펴보았으나 역시 외국인인 내 눈엔 모두 이름 모를 글자들일 뿐이었다. 함께 지역을 살피던 필리핀인들이 열심히 위치를 분석해 그나마 가까운 발신지로 추정되는 장소를 두세 곳으로 추려주었다. 지금부터는 이 추려진 마을들을 직접 샅샅이 뒤지는 수밖에 없다. 그래도 여기까지 온 게 어디냐. 우리는 바로 차를 타고 추려낸 마을들로 이동했다.

하지만 첫 번째 마을에 도착한 우리는 곧바로 마을을 나올 수밖에 없었다. 말 그대로 '현지'였다. 판자촌 같은 집들이 모여 있는 마을엔 각종 동물들이 돌아다녔고, 마을 사람들은 반바지만 입고 있었다. 폴로셔츠에 면바지를 입고, SUV를 몰고 온 나는 그곳에서 완벽한 '이방인'이었다. 이러다간 수색도 하기 전에 수배자에게 우리가 먼저 노출될 수 있을 것 같아 얼른 빠져나왔다. 그러고는 오랜 고민 끝에 바비에게 연락했다.

"바비, 우리가 살인범을 쫓고 있는데 소재가 좀 애매해. 혹시 같이 수색해 줄 수 있어?"

나는 적색수배자의 소재를 95퍼센트 이상 확신했을 때에야 바비를 불렀다. 하지만 이번엔 소재지에 대한 확신이 20퍼센트 미만이었음에도 바비에게 연락할 수밖에 없었다. 정확한 소재를 파악하는 데 시간을 쓰는 게 더 비효율적이라 생각했기 때문이다. 더군다나 소재지와 연락처 외에 새로운 정보도 없었기 때문에 마을들을 수색해서 뭔가 더 얻지 못한다면 수사도 처음으로 되돌아갈 판이었다.

웬일로 바비는 내 요청에 흔쾌히 승낙했다. 사실 지난 1년간 나와 바비는 해외도피사범들을 함께 검거하며 나름 돈독한 전우애를 쌓았다. 적색수배자를 잡지 못하고 돌아간 적이

단 한 번도 없었으니 바비에게도 굉장한 성과였을 것이다. 그 덕분에 나를 존중해 주기 시작한 바비가 이번 요청도 승낙한 것이다.

이민청 직원을 무려 여덟 명이나 대동하고 온 바비와 함께 첫 번째 마을을 수색했다. 수사를 하다 보면 가끔 필리핀인들이 잘 모르는 내용도 '맞다'고 대답하거나 잘 아는 내용을 '모른다'고 대답할 때가 있다. 뭔가 표정이 수상해서 다시 물어보면 그제야 비로소 제대로 대답했기에 표정 같은 비언어적 표현을 잘 살펴보는 것도 중요했다. 혹시나 해당 수배자가 정말로 이 마을에 살고 있기라도 한다면 그의 이웃들이 입을 다물어 줄 가능성도 배제하기 어려웠다.

두어 시간을 수색했는데도 별다른 소득이 없어 다음 마을로 이동하기로 했다. 40도에 육박하는 더위 속에서 마을을 구석구석 뒤지다 보니 어느새 땀이 비 오듯 흘렀다. 외곽 지역의 마을이라서 그런지 날이 더 후덥지근한 느낌이었다. 이동하는 차 안에서 잠시나마 에어컨 바람을 쐬니 좀 살 것 같았다.

두 번째 마을은 첫 번째 마을보다 조금 더 현대적인 분위기였다. 아까 그 마을에서는 한국인이 살기 좀처럼 쉽지 않아 보였는데, 이 마을은 그런대로 괜찮아 보였다. 우리는 마을을 수색하며 다시 한번 현지인들과 눈치 게임을 펼쳤다. 아침 일찍 시작한 수색은 점심시간을 훌쩍 지나서도 계속되었고, 땀에 전 몸에서는 쉰내가 나기 시작했다.

'아, 역시 휴대폰 발신지로 위치를 추적하는 건 무리였던 건가…….'

좌절감을 느끼며 한 마을 주민에게 수배자 사진을 보여주면서 질문하는데, 유독 흔들리는 주민의 눈빛에서 이질감을 느꼈다. 말로는 모르겠다고 했지만, 그의 눈은 어느 한 곳을 응시하며 그 방향으로 까딱까딱 고개를 움직이고 있었다.

'찾았다!' 하는 카타르시스가 온몸에 퍼지는 순간. 뜨거운 태양 아래에서도 잠시나마 차갑게 몸이 식을 정도로 강렬한 기쁨이 몰려왔다. 마을 주민은 우리에게 그가 이 마을에 있다는 무언의 신호를 보내곤 순식간에 시야에서 사라졌다.

"바비, 이 사람은 한국에서 청부살인을 저지른 사람이야. 각별히 조심해야 해."

내 말을 들은 바비가 눈을 가늘게 뜨더니 곧 권총이 아닌 장총으로 바꾸어 잡았다. 때로 크고 긴 총은 시각적으로 수배자의 반항 의지를 꺾는 데 도움이 되기도 한다. 바비는 정말 액션 하나는 잘하는 사람이었다.

바비는 이민청 직원들과 함께 총을 들고 수배자의 집 현관문 쪽 벽에 붙어 살금살금 이동했다. 나 역시 맨 뒤에서 그들의 뒤를 따랐다. 바비가 직원들에게 손짓하자 그들이 순식간에 집 안으로 진입했다.

사실 나는 바비가 현장에 진입했을 때 그 안에 수배자가 있는지 없는지 미리 알 수 있다. 통상 검거 작전 때는 내가 제일 뒤에 있기 때문에 현장에 진입하기도 전에 바비의 외침이 들리곤 한다. 바비가 엎드리라고 소리치면 그 안에 수배자가 있는 것이다. 그래서 나는 검거 작전 때마다 바비의 그 외침을 듣는 걸 좋아했다. 그런데 이번엔 그 외침이 들리지 않았다. 혹시 수배자의 소재지를 잘못 짚은 건가 싶어 불안하던 차에 집 가장 안쪽에 있는 안방에서 바비의 외침이 들려왔다.

"엎드려!"

모처럼 심장이 쿵쾅쿵쾅 뛰었다. 요 며칠 사기범들만 잡다가 이번에 꽤 굵직한 청부살인사건의 범인을 잡았다고 생각하니 아드레날린이 솟구쳤다. 게다가 그는 무려 15년을 도피해 있던 적색수배자다. 거실에서 안방까지 가는 데 걸린 1~2초가 너무나도 길게 느껴졌다. 내가 찾던 그 수배자는 맞을지 궁금해 미칠 지경이었다.

방에 들어가니 바비가 한 남성에게 장총을 겨누고 있었고, 총구 끝에 놓인 그는 바닥에 누워 양손을 머리에 올리고 있었다. 남성의 얼굴을 확인한 순간 나는 우리가 찾던 수배자임을 단번에 알아보았다. 지난 며칠간 지겹도록 보았던 그 얼굴이었다. 다시금 온몸에 소름이 돋고 머리털이 쭈뼛 섰다. 그가 말했다.

"그간 마음고생이 심했는데, 차라리 속 시원하네요."

그렇게 15년간 해외에서 도피 생활을 해왔던 한국인 킬러가 검거되었다. 하지만 그는 아직도 한국으로 송환되지 못했다. 검거 당시만 해도 신속한 국내 송환에 동의했던 그가 한국에 가면 죽을 때까지 교도소에서 있어야 할지 모른다는 생각에 마음을 바꾼 것이다.

사실 적색수배자를 한국으로 송환하려면 수배자의 동의가 있어야 한다. 물론 강제로 비행기에 태워 보낼 수도 있지만, 그 비행기는 다른 일반 승객들도 같이 이용하는 비행기인지라 수배자가 비협조적이거나 송환을 거부한 채로 태우는 건 상당히 부담스러운 일이다.

이 수배자는 필리핀에서 도피 생활을 하며 필리핀인 여성과 결혼해 슬하에 돌도 안 지난 아이가 있었다. 그가 검거되었을 때 그의 아내가 갓난아기를 들쳐 업고 울먹이며 검거 현장에 들어오는 바람에 나는 그가 한국에서 수감될 예정이라고 조심스럽게 설명해 주어야 했다.

현장에서 철수하기 전 나는 그가 은둔하며 지냈던 그 집과 주변을 다시 한번 살펴보았다. 언젠간 잡혀갈지 모른다는 생각에 자기 자신을 사망 상태로 위장하고 교민 사회를 떠난 그가 이곳에서 어떤 삶을 보냈을지 문득 궁금해졌다. 물론 그가 저지른 살인이란 범죄를 두둔하려는 건 절대 아니다. 하지만 그간 숨어 사느라 거의 매일 악몽을 꿀 정도로 심신이 지쳤었다는 수배자의 마지막 말이 떠올라 약간 씁쓸해지기도 했다. 아마도 그는 삶과 죽음의 중간 그 어디쯤에서 살고 있었던 게 아닐까.

햇볕이 강하게 내리쬐는 집에서 살았지만, 실제로 그가 산 곳은 어두운 동굴이었을지 모른다. 다시 말하지만 범죄를 두둔할 생각은 전혀 없다. 단지 수많은 삶과 죽음이 스치는 찰나의 순간들을 마주하며 인간의 생에 관심이 많아진 한 사람의 인간으로서, 산 것도 죽은 것도 아닌 삶을 살아왔을 어느 인간상에 대해 잠깐 연민이 스쳐 지났을 뿐이다.

죽음이 남긴 한 가지 질문

죽음은 정해진 운명일까 아니면 수많은 선택이 모여 만들어진 결과물일까. 운명론을 믿는 사람이라면 마음이 편할지도 모르겠다. 어차피 죽을 운명이었다고 생각하면 될 테니까. 반면 인과론을 믿는 사람이라면 마음이 복잡할 것이다. 누군가의 죽음이란 결과에 내가 하나의 원인이 되었을지 모른다고 생각하면 죄책감을 느끼게 될 수도 있으니 말이다. 참고로 나는 후자 쪽이다. 누군가의 삶에 잠깐 개입하게 되는 것일지라도 경찰이란 이름이 그 삶에 끼치는 영향은 아주 컸다. 그렇다. 지금부터 할 이야기는 나를 짓누르는 죄책감에 관한 이야기다.

앙헬레스엔 교민들을 대상으로 신문을 발간하는 신문사가 있었다. 그 신문사의 사장은 적색수배자였다. 죄명은 특수폭행죄. 그가 몽골에 체류했을 때 함께 술을 마시던 지인의 모욕적 언사가 계속되자 참지 못하고 그만 우발적으로 유리병을 들어 지인을 내려치고 만 것이다. 사건 발생 당시 내가 수사를 담당했던 사건이 아니었기에 세부적인 내용까지 모두 알 순 없었지만, 그 지인의 피해 정도가 그리 심하진 않았다고 듣긴 했다.

필리핀으로 도망 온 수배자는 가명을 썼기 때문에 그의 진짜 정체를 파악하기까지 상당한 시일이 걸렸다. 나는 그의 국내 송환 절차를 위해 필리핀 이민청에 추방 명령서를 요청했다. 그러나 몇 번을 요청해도 추방 명령서는 발부되지 않았다. 1년이 지나도 소식이 없자 나는 직접 이민청을 찾아갔다.
"아니 추방 명령서는 왜 안 나오는 건데?"
"그 사람이 필리핀에 입국한 내역이 없어."
돌아온 이민청 직원의 대답이 황당했다. 알고 보니 그는 몽골에서 필리핀으로 올 때 타인 명의의 위조 여권을 사용했다. 그러니 당연히 그의 이름으로 입국한 기록이 없었던 것이다. 이 때문에 추방 명령서를 둘러싼 이민청과의 지루한 시간 싸움이 시작되었다. 이민청에서도 입국하지 않은 사람을 추방하려니 절차가 꽤 복잡한 모양이었다. 고민 끝에 나는 그와 직접 만나기로 했다.
"안녕하세요, 이지훈 경감님이시죠? 진작 찾아뵀어야 했는데, 송구합니다."
부드러운 미소로 내게 녹차를 권하던 그와의 첫 만남은 아직도 인상 깊게 남아 있다. 그냥 하는 인사치레가 아니라 정말 온화한 인사였기 때문이다. 그와 나는 검거 후 강제 송환이 아닌 자진 귀국에 합의했다(나중에 들은 이야기지만 필리핀 이민청의 추방 명령서는 내가 한국에 돌아온 2017년 2월까지도 발부되지 않았다고 한다). 강제 송환 절차를 밟으면 비쿠탄수용소에서 꽤 오랜 시간 지내야 하고, 블랙리스트에도 등록되어 필리핀으로 재입국할 수도 없다. 그래서 자진 귀국은 그에게도 최선의 선택이긴 했다.

이 적색수배자는 2017년 12월에 국내로 송환되었다. 내가 코리안데스크 부임이 끝난 뒤 한국으로 돌아와 필리핀 국제수사공조를 담당하고 있을 때였다. 당시 나는 한국 경찰 역사상 최초로 전세기와 120명의 호송관을 동원해 필리핀에 있는 해외도피사범 마흔일곱 명을 단체 송환한 적이 있는데, 그게 바로 '한국판 콘에어 작전'이라며 언론에서 대서특필한 작전이었다. 나는 이 작전을 틈타 수배자의 국내 송환 문제와 관련해 필리핀 이민청을 적극적으로 설득했다. 오랜 협의 끝에 그는 마흔일곱 명의 송환자 명단에 포함되었고, 가장 오래 도피했던 적색수배자로서 19년 만에 한국 땅을 밟은 수배자가 되었다.

그가 국내에 송환된 지 1년 정도 지난 2018년의 마지막 날이었다. 모두가 가족이나 친구, 지인과 모여 한 해를 추억하고 새해를 기다리던 그날, 저녁 10시쯤 한 통의 문자가 왔다. 그때는 나 역시 코리안데스크 활동이 끝나 한국에서 지인들과 술 한잔 기울이며 시간을 보내던 터였다. 새해 카운트다운이 얼마 남지 않은 시각이라 누군가의 연말연시 안부 문자인가 싶어 내용을 확인한 나는 이내 마음 한편이 먹먹해졌다.

부고. ○○○님의 별세를 알립니다.

한국으로 송환된 수배자가 죽었다. 기억 속에서 흐릿해지고 있던 그의 이름을 보자 갑자기 죄책감 비슷한, 어딘가 불편한 감정들이 한꺼번에 나를 덮쳤다.
'내가 그때 만약 그를 송환자 명단에 넣지 않았다면, 필리핀에서 아직 살고 있진 않았을까?'
19년 만에 한국에 온 그에게는 가까운 가족이나 친지가 없다고 알고 있었다. 게다가 지금은 한 해의 마지막 날 저녁이니 그를 조문하는 사람은 더더욱 없을 것이다. 그런 생각이 들자 그의 장례식장에 가야겠다는 생각이 들었다. 첫 만남 때 나를 반갑게 맞으며 인자한 미소를 보냈던 그의 얼굴과 텅 빈 장례식장이 겹쳐졌다. 나라도 반드시 조문해서 명복을 빌어주어야 할 것 같았다.
집에서 정장을 꺼내 입고 장례식장에 도착하니 밤 11시였다. 예상대로 조문객은 없었다. 아니 엄밀히 말하면 딱 두 명 있었다. 그와 사실혼 관계였던 여성과 그의 지인이었다. 어떻게 오신 거냐는 말에 나는 그의 지인이라고 둘러댔다. 내가 누군지 솔직하게 말하면 그들이 "당신이 한국에 보낸 바람에 죽었잖아!"라며 비난의 화살을 쏠 것만 같았다.

그들에 따르면 수배자는 한국으로 송환된 뒤 미얀마로의 사업 진출을 계획하고 있었다. 그런데 집으로 올라가던 계단에서 갑작스러운 심장마비로 쓰러져 세상을 떠나게 되었다. 인생이란 게 참 야속하게만 느껴졌다. 그의 영정사진을 보고 있자니 한국의 매서운 겨울이 따뜻한 필리핀에서 지내던 그에게 혹독했던 건 아닌지, 혹시 그것 때문에 심장마비가 온 건 아닌지 말도 안 되는 별의별 생각들이 떠올랐다.

'혹시 내가 그의 죽음에 일조한 건가……?'

조문을 마치고 나니 어느새 2019년 1월 1일이 되어 있었다. 그의 죽음에 왠지 내 책임이 한 스푼은 섞여 있는 것 같다는 생각을 떨칠 수가 없었다. 운명론자였다면 그가 그날 사망할 운명이었던 것이라 생각했겠지만, 인과론자였던 나는 그토록 열심히 추진한 국내 송환이 그의 죽음을 더 빠르게 불러온 건 아닌지 하는 생각에 지배당했다.

그날 나는 집으로 돌아가면서 또다시 죽음을 생각했다. 범죄의 경중을 떠나 그가 범죄자였고 수배자였다는 사실은 변하지 않는다. 내가 그를 연민하는 건 어쩌면 그의 범죄로 여전히 고통스러운 날을 보내고 있을지 모를 사람들에게 모욕감을 줄지도 모른다. 그렇지만 나는 그럼에도 최소한의 연민을 느낄 수 있는, 경찰관이기 전에 먼저 한 사람의 인간이고 싶었다. 범죄자를 검거해 피해자를 위로하고 그들의 아픔을 달래주는 게 경찰관의 본분이지만, 지금같이 한 인간의 죽음과 그에 대한 내 감정까지 외면하고 억누르며 무작정 범죄자를 증오하기만 한다고 내게 좋을 건 없었다. 물론 극악무도하고 악질적인 범죄자는 또 다른 경우겠지만 말이다.

누군가 그랬다. 삶이 유일하게 보장하는 건 삶이 언젠가 끝난다는 사실뿐이라고. 인류가 이 세상에 등장한 시점부터 매 순간 누군가는 삶을 마쳤고, 또 지금도 누군가는 어딘가에서 삶의 마지막 문턱에 서 있다. 사실 내가 경찰 생활을 하며 가장 많이 접하는 건 아이러니하게도 죽음이었다. 삶이 유한하다는 사실을 항상 느끼지만, 그건 반대로 말하면 삶에 감사할 수 있는 순간이 넘쳐난다는 의미기도 했다. 생각해보면 청명한 하늘, 이따금 부는 상쾌한 바람 등 우리를 행복의 지름길로 인도하는 것도 사소하고 단순한 것들이었다.

누가 보면 내가 아직 죽음을 논하기엔 너무 젊은 나이라고 할지 모르겠다. 하지만 이렇게 누군가의 죽음을 마주하게 되는 날이면 죽음이 빛의 속도만큼이나 빠른 찰나의 순간임이 절실하게 느껴진다. 그러니 새로운 시작을 이야기하려면 언제나 끝에 대해서도 생각하고 있어야 한다. 그렇지 않으면 순식간에 모든 게 후회로 물들어 버릴지 모르니.

이별이 가르쳐준 것

레네는 내 필리핀인 운전기사로 1년 6개월 정도 동고동락해 온 사이다. 필리핀 현지 정보원이자 친구였고, 내가 유일하게 의지할 수 있는 사람이었다. 레네는 나와 함께 밤새 적색수배자를 추적하기도 했고, 내가 조용히 쉬고 싶어 할 때면 인적 드문 리조트에 나를 데려가 주기도 했으며, 당시 내가 키우던 강아지들이 지낼 집을 함께 만들기도 했다. 같이 밥을 가장 자주 먹었던 사람도 레네였다.

항상 모자와 선글라스를 쓰고 다녀서 잘 몰랐는데, 나중에 보니 레네는 머리도 거의 벗겨지고, 치아도 거의 다 빠진 상태였으며, 눈동자는 백내장 때문에 약간 탁했다. 레네가 정확히 몇 살이었는지는 잘 모른다. 하지만 언뜻 봐도 나보다는 훨씬 많아 보였다. 겉으로 보기엔 70대 노인 같았지만 그래도 실제 나이는 아마 50대 중반쯤이었을 것이다.

한여름이던 2016년 8월의 어느 날, 은행 업무를 보고 차로 돌아오니 레네가 운전석에서 눈을 감은 채 자고 있었다. 차 문을 닫는 소리에도 레네는 일어나지 않았다.

"레네! 이제 출발하시죠!"

반응이 없었다. 장난치는 건가, 하고 생각할 때쯤 레네가 갑자기 앉은 자리에서 허리를 뒤로 젖히며 입을 크게 벌리기 시작했다. 한 손으로는 자신의 목을 감싸 쥐고, 다른 한 손으로는 내 어깨를 움켜잡았다. 레네의 모습은 마치 좀비 영화 속 좀비로 변하려는 사람 같았다. 처음에 나는 레네가 장난이 너무 심하다고 생각했는데, 그의 호흡이 점차 가빠지고 손에 힘이 가득 들어가는 걸 보며 장난이 아님을 깨달았다. 실제 상황이었다.

"누가 구급차 좀 불러주세요!"

나는 어찌해야 좋을지 몰라 무작정 차에서 내려 주변에 도움을 청했다. 레네는 여전히 자신의 목을 감싸 쥔 채 숨넘어가는 소리를 내고 있었다. 나는 처음 겪는 상황이 당황스럽기만 했다. 내가 할 수 있는 일이라곤 운전석의 레네를 붙잡고 숨 쉬라고 그에게 계속 소리치는 것밖에 없었다.

정신을 차려보니 사람들이 모여들고 있었다. 하지만 나는 여전히 패닉 상태였다. 그 순간 누군가 자신이 간호사라면서 도와주겠다고 다급하게 말하며 다가왔다. 그런데 그때 현장에 있던 필리핀 경찰관이 소리치며 간호사를 제지했다.

"그냥 구급차 기다리세요! 당신이 건드렸다가 저 사람 잘못되면 책임지실 겁니까?"

이 한마디에 간호사는 주춤하며 다시 물러났다. 그렇게 15분이나 더 지났지만 구급차는 욕이 절로 나올 정도로 도통 오지를 않았다. 나를 비롯해 현장 주변에 있던 사람들은 발을 동동 구르며 이따금 운전석에서 경련을 일으키며 죽어가는 레네를 바라만 봐야 했다.

나는 점점 그를 살리기 쉽지 않겠다는 생각이 들기 시작했다. 이미 레네의 입에서는 혀가 밖으로 빠져나온 채 거품이 흘러내리고 있었다. 어느새 몸의 움직임도 줄어들었고, 축 처진 어깨와 고개가 간헐적으로 꿈틀거릴 뿐이었다. 그로부터 몇 분이 더 지나 구급차가 왔지만, 병원에 도착했을 때는 이미 사망한 상태였다. 사인은 심장마비였다.

그간 경찰관이란 직업 특성상 죽음을 많이 봐왔지만, 그건 '이미 죽은 사람'이었다. 지금처럼 '죽어가는 사람'을 마주한 건 태어나 처음이었다. 게다가 그 사람이 하필 생면부지 남도 아닌, 1년 넘게 함께 지냈던 동료이자 친구였기에 이번엔 정신 줄을 부여잡기가 쉽지 않았다. 정신력이 강하다고 자부했던 나지만 넋이 나간 상태로 병원을 나와 은행 주차장으로 돌아왔다.

불과 몇 분 전까지만 해도 나와 즐겁게 대화하던 레네가 순식간에 세상을 떠난 게 믿기지 않았다. 아직 고맙다는 인사도 제대로 전하지 못했는데……. 문득 종이 한 장 차이로 갈리는 삶과 죽음이 참 괴팍하게 여겨졌다. 더 일찍 레네에게 더 베풀고, 더 존중하고, 고맙다고 더 말해주었어야 했다. 더 잘해주었어야 했다.

그날 이후 나는 거의 한 달은 트라우마에 시달렸다. 그리고 그때의 트라우마는 내 마음에도 흉터를 남겼다. 주변에서는 사람이 죽은 차는 타는 게 아니라며 차를 바꾸는 건 어떠냐고 권유했다. 하지만 나는 그 차를 계속 타기로 했다. 레네와 함께했던 시간을 이렇게 떠나보낼 수 없었다. 그리고 왠지 레네가 이 차에서 나를 지켜줄 것만 같았다.

사실 레네가 죽던 날, 나는 은행에서 현금을 인출하며 그동안 돈을 많이 모아두지 못한 걸 걱정하고 있었다. 하지만 레네의 죽음을 목격하며 내 고민이 얼마나 하찮았는지 깨달

내 소중한 친구, 레네

앉다. 맛있는 걸 먹고 즐겁게 웃으며 사소하게 행복할 수 있는 순간이 얼마나 소중한 순간인지 뼈저리게 느꼈다.

레네가 죽고 난 뒤 집으로 돌아오던 어느 날, 무심코 밤하늘을 올려다보니 하늘에 수없이 많은 별이 반짝이고 있었다. 어디선가 지구가 속해 있는 우리은하엔 행성이 약 2000억 개가 넘는다고 들었던 게 떠올랐다. 우주엔 그런 은하들이 또 약 2000억 개가 넘는다고 했다. 한마디로 이 광활한 우주에서 지구는 아주 작은 모래알과 다름없다. 그 모래알 안에서 생명을 얻어 태어난 인간들이 북적대며 사는 것이다.

그날 이후 나에게는 화가 나거나 걱정이 많을 때 종종 써먹는 '정신 승리 기법'이 생겼다. '나를 지금 화나게 하거나 걱정되게 하는 것들을 저 우주에서 내려다본다면 어느 정도의 크기일까' 하고 묻는 것이다. 우주에서 보면 아마도 지금 내가 하는 고민의 크기는 아주 하찮은 먼지만 할 것이다.

레네가 죽던 날 그 차에 드리워진 죽음의 그림자가 내 그림자였어도 전혀 이상할 게 없다. 그렇게 보면 당장 내일 밥을 먹다가 총에 맞아 죽어도 이상할 것 없는 이곳에서 '먼지' 하나 있다고 신경 쓰며 살기엔 하루하루가 너무나 소중하다. 레네는 죽는 그 순간에도 내게, 내일 내가 죽을 수 있다는 사실이 하루하루를 매우 행복하게 만들어주는 원동력이 될 수 있다는 걸 가르쳐주었다.

이 글을 쓰는 지금, 문득 휴가차 한국에 가는 내게 매일 비슷한 낡은 티셔츠를 입던 레네가 머쓱하게 웃으며 한국에서 티셔츠를 하나 선물로 사주면 안 되냐고 묻던 게 떠오른다. 아무 생각 없이 적당한 가격의 티셔츠를 한 장 사다 주었는데, 레네는 참 기뻐하며 그 옷을 자주 입고 다녔다. 더 좋은 티셔츠로 사다 줄 걸 그랬다. 이렇게 평생 다시 못 볼 줄 알았더라면.

[#3-2]

사탕수수밭에 버려진 시신

★ 드라마 〈카지노〉 모티브가 된 실제 사건

슬픈 예감은 빗나가지 않고

'필리핀 사탕수수밭 한국인 총기 피살사건.' 드라마 〈카지노〉 뿐 아니라 강력범죄나 사건 수사를 다루는 시사·예능 교양 프로그램을 즐겨보는 사람이라면 한 번쯤 들어보았을 사건일지 모른다. 거의 10년 전 발생한 사건이니 잊힐 법도 하지만, 최근 국내외를 막론하고 마약 관련 사건들이 불거지며 다시 거론되고 있는 이름 때문에 이 사건은 계속해서 재조명되고 있다. 앞에서 말한 비쿠탄수용소에서 마약 사업을 펼치려 했다던 '텔레그램 마약왕', 전세계(텔레그램 닉네임)의 이야기다.

앙헬레스 CIDG에서 연락이 온 건 2016년 10월 12일 오전 8시쯤이었다. 나는 사무실에 출근하기 전 다른 사건의 정보원과 카페에서 이야기하던 중이었다.

"앙헬레스 사탕수수밭에서 시신들이 발견됐는데, 중국인 같아. 한번 봐줄 수 있어?"

짧은 통화 뒤에 곧바로 카페로 찾아온 CIDG의 경찰관 한 명이 대뜸 날것 그대로의 시신들이 찍힌 사진을 내밀었다. 나도 모르게 헉하는 소리가 절로 나왔다. 아무리 경찰이라도 이른 아침부터 시신을 보면 기분이 썩 좋지는 않다.

사진 속 시신은 여성 한 명과 남성 두 명으로 총 세 구였다. 그들은 테이프로 손발이 묶인 채 땅에 반쯤 묻혀 있다시피 했다. 필리핀 언론에서는 그들을 중국인 또는 대만인으로 추정해 보도했는데, CIDG 역시 중국계 같다며 신원 확인이 어려우니 혹시 내게 아는 중국인이 있는지 물었다.

가끔 필리핀 경찰에서는 내가 사진만으로 단번에 그 사진 속 사람이 한국인인지 중국인인지 가려낼 수 있을 것이라 기대하는 듯했다. 게다가 내가 중국인 커뮤니티에서 유용한 첩보들을 얻어낼 수 있다고까지 생각하는 것 같았다. 나는 코리안데스크 업무와는 관련이 없는 일이라고 생각했지만, 그래도 일단 필리핀 경찰을 돕기로 했다. 우리는 중국인이 운영하는 카지노를 중심으로 이 시신들의 신원을 확인하고 다녔다. 하지만 그렇게 해서 신원이 확인될 리가 없었다. 나는 지나가는 말로 그에게 물었다.

"근데 왜 중국인이라고 생각하는 거야?"

"중국인처럼 생겼잖아. 언론에서도 중국인 아니면 대만인이라고 하고."

별생각 없이 말하는 듯한 그의 대답에 나는 망치로 머리를 한 대 얻어맞은 기분이었다. 대단한 결정적 단서라도 있는 줄 알았더니. 하지만 순간 본능적으로 '형사적 불안감'이 나를 엄습했다. 혹시 그 시신들이 한국인이라면……?

"시신들 지금 어디에 있어? 가서 지문 확인 좀 해야겠다."

나는 지문 감식을 통해 한국인이 아니란 사실이 밝혀지면 이 불안감을 깔끔하게 털어내기로 했다. 도착해 보니 이미 시신 세 구 모두 지문을 채취한 상태였고, 바구니에 그들의 옷가지가 대충 담겨 있었다. 그나마 약간의 안도감을 주었던 건 현장에 대만 경찰 영사 또한 와 있다는 점이었다. 그도 필리핀 언론의 보도를 보고 급히 달려온 것 같았다.

대만 경찰 영사가 나를 보자마자 이 시신들의 신원을 확인할 수 있는지 물었다. 대만에서는 신원 확인을 하려면 지문을 찍은 종이 원본을 직접 본국에 가져가야 한다고 했다. 나는 우리나라의 뛰어난 과학수사 역량에 자부심을 느끼며 어깨를 으쓱하고 말했다.

"아, 그래요? 저희는 그냥 사진 한 장만 보내도 신원 확인이 가능합니다."

나는 휴대폰으로 지문을 찍어 한국 경찰청의 신원 확인 담당자에게 문자를 보냈다. '자료 없음'이라는 회신을 받기만 하면 내 임무는 여기서 끝이다. 결과를 기다리며 대만 경찰 영사와 대화를 나누던 중 한 시신의 옷가지가 눈에 띄었다.

'어라……?'

시신이 입은 티셔츠 상표가 한글로 적혀 있었다. 싸한 느낌을 애써 부정하며 고개를 가로저었다.

'에이, 요즘은 중국인들도 한국에서 옷을 많이 사 입으니까…….'

하지만 나는 이미 직감적으로 느끼고 있었다. 이 세 구의 시신 모두 중국인이 아닌 한국인이란 사실을 말이다. 한 시간 정도 지난 뒤 한국 경찰청에서 회신이 왔다. 그것도 땡땡 땡땡 하고 여러 번 울리는 알림과 함께. 무슨 의미인지 알 것이다. 한꺼번에 여러 개의 문자가 날아오는 소리였다.

'아, 씨…… 큰일났다.'

내용을 확인해 보기도 전에 알았다. 이들이 한국인이 아니었다면 문자는 그저 한두 번의 알림으로 그쳤을 것이다. 이 연속으로 울리는 알림음은 시신들의 인적 사항과 얼굴 사진이 다량으로 넘어오는 소리였다. 늘 그랬듯 슬픈 예감은 이번에도 틀리지 않았다.

두근거리는 심장을 가라앉히고 휴대폰을 열어 내용을 확인해 보니 예상이 적중했다. 갑자기 정신이 번쩍 들었다. 한국인이 무려 세 명이나 총을 맞고 한꺼번에 피살된 사건은 필리핀에서도 보통 사건이 아니었다. 나는 간신히 정신 줄을 부여잡고 필리핀 경찰 당국과 대만 경찰 영사에게 이 사실을 알렸다. 사건에서 손을 떼게 된 대만 경찰 영사는 얄미운 표정으로 활짝 웃으며 내 손을 잡고 말했다.

"오, 구세주시여!"

나는 아까 대충 훑어본 보고서를 다시 꼼꼼히 살폈다. 마음속에서 '형사적 뭔가'가 꿈틀거리는 걸 느꼈다. 사건이 발생한 경위는 이러했다.

오전 6시쯤 한 농부가 일을 하러 사탕수수밭을 지나다 시신을 발견하고 경찰에 신고했다. 사건 현장엔 세 구의 시신이 각각 머리에 한 발씩 총을 맞고 사망해 있었고, 손발과 입은 테이프로 묶여 있었으며, 일부는 땅에 약간 묻혀 있었다. 현장에서 발견된 소지품은 따로 없었으나 사건 현장 인근에서 탄두가 일부 수거되었다.

나는 이 피해자들의 옷가지를 담아둔 바구니도 다시 살폈다. 속옷은 없었고, 반바지와 티셔츠만 있었다. 아직 수사 초기인 만큼 이 사실이 무엇을 의미하게 될지는 알 수 없다. 하지만 초동수사일수록 이런 별것 아닌 것 같은 단서들을 확보하는 일이 상당히 중요했다. 추후 사건의 퍼즐이 맞춰지며 무의미해 보였던 것들이 아주 유의미하게 바뀌는 경우가 많기 때문이다.

통상 청부살인사건엔 사탕수수밭같이 외진 곳에 시신을 유기할 이유도, 테이프로 손발을 묶거나 입을 막을 이유도 없다. 타깃이 보이는 즉시 바로 총을 쏘아서 살해하고 도망가는 경우가 대부분이기 때문이다. 시신을 유기한 건 범인이 자신의 정체를 감추기 위한 행동이며, 테이프로 손발을 묶고 입을 막은 건 범인이 피해자들과 대화하고자 한 여지가 있었다는 증거였다.

본능적으로 이 피살사건의 범인도 한국인이란 생각이 들었다. 아직 예단하긴 이르지만, 한국인이 직접 총을 쏘아 죽였거나 최소한 살해 현장엔 있었을 것 같았다. 나는 앙헬레스 한인회에 피해자들에 관해 수소문하며 잠정적으로 이런 결론을 내렸다.

'이건 청부살인사건이 아니다.'

그때쯤 한인회에서 연락이 왔다.

"그 피해자들을 안다는 사람을 찾았어요! 한인회 사무실에서 만나기로 했으니 얼른 오세요!"

연락을 받은 나는 서둘러 차를 타고 이동했다. 이 기나긴 싸움의 본격적인 서막이 오르고 있었다.

총상, 사탕수수밭, 파묻힌 시신 그리고 옷가지

한인회 사무실에 도착하니 이미 10여 명이 둥근 테이블 주위에 모여 있었다. 잠시 뒤 한 사람이 사무실로 들어왔다. 피해자들을 안다고 한 사람이었다(고맙게도 스스로 수사 면담에 응해준 사람이었다). 사실 이 사람이 바로 앞서 비쿠탄수용소를 말할 때 언급했던 텔레그램 마약왕, 전세계다. 이때만 해도 그는 그저 강력한 참고인이었다. 피해자들은 앙헬레스 교민들 사이에서 잘 알려진 사람들이 아니었던지라 그들을 아는 사람이 이 사람 말곤 없었기 때문이다. 그의 진짜 이름은 이미 언론을 통해 수차례 거론되었지만, 여기에서는 'P'라고 부르기로 하자.

P의 무표정한 얼굴엔 수염이 덥수룩하게 나 있었고, 팔엔 문신이 있었다. 흔히들 쉽게 떠올리는 반건달 스타일이었다. 내가 그에게 피해자들의 사진을 보여주며 아는 사람들이냐고 묻자 그는 고개를 끄덕였다. 나는 이 사람들과는 어떻게 알게 된 사이인지, 이 사람들을 마지막으로 본 건 언제인지 등 오랜 시간에 걸쳐 여러 가지를 질문했다. 10여 명의 사람들에 둘러싸여 신문하는 것도 처음이라 질문하는 나 역시 긴장되었다.

"그 사람들은 제가 한국에서 알게 된 사람들이에요. 필리핀에 잠시 온다고 해서 저희 집에서 같이 지냈어요. 근데 어젯밤에 그 사람들이 마닐라에 누굴 만나러 가야 한다면서 저희 집 근처 졸리비까지만 태워달라고 하더라고요. 그래서 제가 그분들을 차에 태우고 집에서 나와 졸리비에 내려드린 게 마지막이에요."

그는 내 질문에 차분하게 대답했다. 그의 차분한 대답에서 이질감이 느껴졌지만, 갑자기 발생한 대형 사건인 데다 많은 정보를 한꺼번에 처리해야 했던 내 뇌는 그 이질감이 무엇인지 파악하기엔 이미 과부하 상태였다.

이런저런 추가 질문들을 끝으로 그의 인적 사항과 연락처를 확인한 뒤 면담을 마쳤다. 그에게 상냥한 미소로 감사 인사를 전했다. 참고인이라고 해도 나중에 용의선상에 오를 가능성이 얼마든지 있으니 일단 친절해야 한다. 그래야 이 사람이 나중에 의심 없이 도망가지 않을 테니 말이다.

면담을 마친 후 나는 잠시 생각을 정리하며 확보한 단서들을 되뇌었다. 한 명의 여성과 두 명의 남성, 머리의 총상, 외진 사탕수수밭, 반쯤 파묻혀 있던 시신 그리고 옷가지……옷가지? 갑자기 뭔가 내 머리를 내려치듯 번쩍했다.

'피해자들 옷가지 바구니엔 속옷이 없었잖아!'

그렇다. 시신들의 신원을 확인하며 살펴본 옷가지엔 속옷이 없었다. 만약 P의 말이 사실이라면 차로 세 시간이나 떨어진 마닐라에 가면서 세 명 모두 속옷 한 장 입지 않고 간다는 건 도무지 말이 되지 않았다. 백번 양보해서 남성 두 명은 그럴 수 있다 쳐도 중년 여성이? 분명 상식적이지 않은 행동이었다. P가 거짓말을 한 걸까? 아니면 P가 차에서 내려준 후에 그들에게 변수가 생긴 걸까?

사건의 중대함을 고려해 한국 경찰청에서는 인근 지역을 담당하던 코리안데스크를 앙헬레스에 파견하고, 국내에서 수사관, 감식관, 총기 분석가, 프로파일러 등 공동조사팀을 꾸려 필리핀에 추가로 파견했다. 그들은 고작 4~5일 정도 앙헬레스에 머물 예정이었지만 익숙한 한국인 동료들이 옆에 있다는 것만으로도 엄청난 힘이 되었다. 참고로 한국에서 이런 대형 살인사건이 발생하면 전담수사팀을 꾸리는데, 최소 스무 명의 형사가 함께 수사한다.

나는 가장 먼저 공동조사팀과 함께 사건 현장인 사탕수수밭과 피해자들이 함께 지냈다던 P의 집을 집중해서 파헤쳤다. P의 주변인들도 만나며 사건 관련 정보를 얻으러 다녔다. 그동안 수사 지원을 온 코리안데스크는 CCTV 등 객관적 단서들을 집중적으로 확보하기로 했다.

나와 공동조사팀은 사탕수수밭 초입에서 시신들이 발견된 곳까지 이 잡듯 수색했다. 혹시나 뭐라도 떨어져 있지는 않은지 샅샅이 훑었고, 담배꽁초 몇 개를 주워 비닐 백에 담았다. 이 담배꽁초들은 추후 DNA를 분석하는 데 큰 도움이 될 것이다. 이 꽁초에 묻은 타액의 DNA와 범인으로 추정되는 사람의 DNA가 일치한다면 사건 발생 당시 현장에 그가 있었다는 강력한 증거가 될 수 있기 때문이다.

필리핀 경찰이 사탕수수밭 초입에서 바닥에 떨어진 혈흔을 추가로 발견했다. 그리고 탄두도 회수했다. 아무래도 피

현장 감식 중인 나와 공동조사팀

해자들은 사탕수수밭 초입에서 살해된 것 같았다. 현장을 살피며 나도 머릿속으로 범행을 재연해 보았다. 시신들은 사탕수수밭 초입과 연결된 길에서 왼쪽 아래로 이어진 수풀 가득한 경사로를 내려가면 나오는 곳에서 발견되었다. 경사로의 풀들이 뭔가에 눌린 듯 죽어 있는 걸로 봐서 아마 범인이 이 경사로로 시신을 굴려 내려보냈을 가능성이 컸다.

경사로를 따라 내려간 나는 사탕수수밭 안쪽, 시신들이 발견된 장소로 갔다. 땅을 팠던 흔적이 남아 있었다. 땅엔 사탕수수 뿌리가 단단하게 박혀 있어서 파기가 상당히 어려워 보였다. 아마도 범인은 시신을 땅에 묻으려다가 포기한 것 같았다.

같이 온 공동조사팀이 다시 땅을 파며 추가 탄피가 있을지 수색했다. 기온이 40도에 육박했지만 시신들이 발견되었던 위치의 사탕수수밭 현장은 그늘 하나 없는 땡볕이었다. 다들 비 오듯 땀을 흘리며 단서를 찾기 위해 혼신의 힘을 다해 노력하고 있었다.

나는 잠시 수색을 멈추고 사건 현장에서 들려오는 무언의 소리에 집중했다. 왜 하필 이곳일까. 여기는 밤이 되면 불빛 하나 없이 외져서 일반 관광객이라면 절대로 알 수 없는 곳이다. 게다가 작은 외길 옆에 있는 곳이라 걸어서 오기도 어렵다. 추측건대 범인은 단순 여행객이 아니라 이곳 인근에 거주하는 사람일 것이다. 범행엔 차량을 이용했을 것이고, 피해자들의 죽음을 숨기고 싶어 했을 것이다. 이 외진 사탕수수밭까지 와서 시신을 묻을 만큼 말이다.

범행의 흐름이 낯설지 않았다. 죽음을 감추기 위해 했던 다양한 행동이 역설적으로 범인과 피해자들이 가까운 사이였다는 걸 알려주고 있었다. 역시 범인은 한국인이란 생각이 다시 한번 강하게 들었다. 한국인이 아니더라도 필리핀인의 단순 강도살인사건이 아니란 점은 확실해 보였다.

그 순간 머릿속에 P의 얼굴이 스쳐 지나갔다. 그는 앙헬레스의 교민이자 피해자들의 지인이었다. 그냥 지인도 아니고, 동고동락한 사이였다. 범인이란 틀에 딱 맞는 사람이었다. 하지만 아직 이렇다 할 객관적 증거가 없었다. 나는 수사를 지원하던 코리안데스크에게 피해자들의 거주지부터 사탕수수밭까지 확보할 수 있는 모든 CCTV 영상을 모아 분석해 달라고 요청했다. 제발 그 영상들에서 뭔가 나오기를 간절히 바라며 말이다.

한편 필리핀에 있던 우리만큼이나 국내 수사팀도 분주하게 움직였다. 그들은 피해자들을 조사하던 중 그들이 한국에서 상당한 규모의 투자 사기사건으로 수사를 받던 사람들임을 알아냈다. 피해자가 꽤 많았던 사건이었기에 보복 범죄 가능성도 고려해야 한다는 의견이 제기되었다. 나 역시 피해자들을 조사하던 중 한 정보원에게 유의미한 첩보를 받았다. P가 나와 면담했을 때는 말하지 않은 내용이었다.

"전 P에게 그 피해자들이 한국에서 어떤 문제가 있어 필리핀에 온 거라고 들었습니다. 그리고 그 사람들이 P의 권유로

△△카지노에 몇 억을 투자했고, 그 뒤를 P가 봐주고 있다고도 들었어요."

그리고 이때쯤 이 피살사건 피해자들의 일부 유가족도 필리핀에 입국했다.

"범인을 꼭 잡아주세요!"

유가족 중 중고등학생 정도로 보이는, 한 피해자의 자녀가 내게 울먹이며 말했다. 순간 내 눈시울도 붉어졌다. 나는 다시 마음속에서 '형사적 뭔가'가 용암처럼 터져 나오는 걸 느꼈다. 사건 발생 직후 느꼈던 그 정체 모를 꿈틀거림이었다. 하지만 이제는 그게 무엇인지 알 것 같았다.

그건 정의감이었다. 그러나 '형사적 정의감'만은 아니었다. 다시 말해 경찰관으로서의 정의감이 아닌 한 사람의 인간으로서 느끼는 순수한 분노에 가까운 정의감이었다. 거기엔 이역만리 타국에서 같은 한국인끼리 서로 죽고 죽이는 상황에 대한 분노와 안타까움도 섞여 있었다.

나는 그 학생에게 꼭 범인을 잡겠다고 대답했다. 내가 처음으로 경찰을 꿈꾸었던 그때 그 중학생 이지훈이 내게 말을 거는 것 같았다. 진정한 악인을 만나면 두려움에 정의의 불꽃이 사그라드는 게 아니라 오히려 분노로 불타오른다는 걸 그날 알게 되었다. 다행히 나는 지금 경찰이란 감투를 쓰고 있어서 범인이 만든 연극 무대에 오를 수 있었다. 정의의 사도 역할을 제대로 해낼 기회를 부여받은 것이다. 이 기회를 헛되이 보내긴 죽어도 싫었다.

단 하나의 진실을 향해서

시신들이 발견된 지 3일 차가 되었다. 감식 결과 피해자들의 시신에서는 관자놀이 부근에 하나씩 총알 자국이 발견되었고, 생각지 못한 타박상과 목을 조른 흔적도 발견되었다. 총이 있는데도 굳이 때리고 목을 졸랐다? 범인과 피해자들의 사이가 생각보다 훨씬 더 가까운 사이일지도 모르겠다는 예감이 들었다.

사실 이 단계에서 가장 중요한 장소는 바로 피해자들이 머물렀던 P의 집이었다. 아직은 그와 연락이 잘되었기 때문에 우리는 그가 외출해 있는 동안 집 안 수색을 허락받을 수 있었다. 앙헬레스 CIDG와 함께 P의 집을 수색했다.

P의 집은 앙헬레스 중심가에서 떨어진 어느 빌리지에 있었다. 약 100평 가까이 되는 집은 중앙에 잔디가 깔린 넓은 마당과 오두막이 있었고, 방도 다섯 개나 되었다. 본격적으

로 집을 수색하기 전 공동조사팀의 수사관과 감식관이 내기를 했다.

"수색이 증거를 먼저 잡을까, 과학수사가 증거를 먼저 잡을까?"

직접 방 안을 뒤져 물품을 조사하는 수사관과 지문 감식 등의 과학수사로 조사하는 감식관 중 어느 쪽이 사건의 실마리를 빨리 잡을지 경쟁해 보자는 말이었다. 이 맹랑한 농담은 더위와 수사 강행군으로 진이 다 빠진 사람들을 독려하면서도 스스로 수사 의지를 더 불태우기 위함이었다.

일단 우리는 피해자들이 집 안에서 살해당한 뒤 사탕수수밭에 유기되었을 가능성을 염두에 두고 있었다. 한국과 필리핀 양국 경찰은 혹시 집 안에 남아 있을지 모를 혈흔을 찾기 위해 샅샅이 수색했다. 거실은 물론 각 방 침대, 바닥, 화장실 등에서 혈흔 반응을 살폈고, 사탕수수밭에서 주운 담배꽁초의 DNA와 대조하기 위해 칫솔에서도 DNA를 채취했다(하지만 둘의 DNA는 서로 다른 걸로 밝혀졌다).

한 방에서는 피해자들의 이름이 적힌 서류가 발견되었다. 자세히 보니 △△카지노 투자 예치금 관련 서류였다. 이미 정보원을 통해 그들의 카지노 투자 사실은 알고 있었지만, 서류에 쓰인 한 문구가 눈에 띄었다.

해당 계좌에서의 현금 인출은 P만 가능하다.

P를 범인으로 의심할 수 있을 만한 문구였다. 그에 대한 의심이 짙어져 갈 때쯤 새로운 사실이 드러났다. 거실 탁자에 놓인 콜라 캔에서 채취한 지문을 감식했는데, 그 지문에서 P와 피해자들이 아닌 제삼자의 인적 사항이 나온 것이다. 이는 곧 사건이 발생하던 날 제삼자가 그 집에 함께 있었다는 의미였다. 하지만 그가 잠시 이 집을 방문한 것일 가능성도 있으니 나는 국내 수사팀에게 제삼자의 출입국 기록을 확인해 달라고 바로 요청했다.

국내 수사팀은 제삼자가 공교롭게도 사탕수수밭 피살사건이 발생하기 며칠 전 필리핀에 왔고, 피해자들이 사망한 다음 날 한국으로 돌아갔다고 알려주었다. 게다가 그가 필리핀을 방문한 것도 이번이 처음이라고 했다. 마치 살인 의뢰를 처리하고 떠난 킬러 같았다. 이게 과연 우연일까?

그렇게 한참 집 안을 수색하는데 마당에서 한 필리핀인이 어슬렁거리는 게 보였다. 필리핀 경찰에게 그가 누구인지 물으니, 마당의 잔디를 관리하는 청소부라고 했다. 나는 청소부에게 다가가 P의 사진과 방금 확보한 제삼자의 사진, 피해자들의 사진을 번갈아 보여주며 이들을 아는지 물었다. 대부분이 그러했듯 이번에도 의미 있는 정보는 생각지도 못한 사람에게서 나왔다.

"어? 이 얼굴 하얀 사람! 여기에 며칠 있었어요. 집주인이 친구라고 하던데."

역시! 제삼자는 이곳에 P 그리고 피해자들과 함께 있었다. 나는 그에게 계속 질문했고, 그때마다 새로운 정보들이 화답하듯 쏟아졌다. 청소부에 따르면 P의 운전기사도 이 집에 자주 왔다고 했다. 운전기사라니. 또 새로운 사람의 등장이다. 이제 운전기사 또한 이 사건에 연루되지 않았다고 배제할 수 없게 되었다. 피해자들의 시신이 발견되기 전날, 이 집에 피해자들이 모두 있었냐고 묻자 청소부는 잠시 생각하더니 그렇다고 대답했다. 마당에 있는 오두막에서 닭백숙을 먹었기 때문에 확실히 기억한다고 했다.

"그러면 이 세 사람을 마지막으로 본 건 언제예요?"

"근데 그 사람들, 어디 놀러 간 거 아니었어요? 어제 점심쯤에 집주인이랑 집주인 친구는 스티커를 덕지덕지 붙인 여행용 캐리어를 갖고 나와서 차 타고 나가던데……."

P가 도피라도 한 건가? 그즈음 P의 답장 속도가 늦어지고 있다는 점이 마음에 걸리기 시작했다. 청소부와의 면담을 마치고 돌아선 내 등 뒤로 그가 덧붙였다.

"집주인이 며칠 전에 삽을 가져갔어요! 혹시 만나면 그것 좀 다시 갖다 달라고 전해주세요!"

소름이 돋았다. 순간 사탕수수밭에 반쯤 파묻혀 있던 시신의 모습이 떠올랐다. 청소부가 말한 삽은 그때 땅을 파던 도구였을까? P가 삽을 가져간 날도 피해자들이 사망하기 전날이었다. '이놈이다'라는 확신이 생겼다.

그날부터 나는 본격적으로 P와 제삼자를 용의선상에 올려 수사하기 시작했다. 객관적 증거만 잡으면 바로 검거할 계획도 세웠다. 빌리지 정문에서 차량 출입 기록을 받아 보고, 그들이 차를 타고 범행 추정 시간대에 빌리지를 수차례 들락날락한 사실도 확인했다.

나는 수사를 지원 중인 코리안데스크에게 빌리지 차량 출입 기록을 건넸다. CCTV 영상에서도 그의 차가 피해자들이 사망한 걸로 추정되는 시간대에 사탕수수밭 쪽으로 지나가는 장면과 몇 시간 뒤 다시 돌아오는 장면을 포착했다. CCTV를 샅샅이 뒤진 코리안데스크의 노력 덕분에 확보할 수 있었던 귀중한 증거였다.

급물살을 탄 수사는 점점 속도가 붙었지만 그럼에도 아직 끼워 맞춰야 할 퍼즐 조각이 산더미였다. 우리는 낮엔 흩어져 각자의 임무를 수행하고, 밤 11시쯤 우리 집에 다시 모였

매일 새벽까지 집에서 이어진 회의

다. 앙헬레스 한인회에서 빌린 화이트보드 앞에서 시간대별 범행 시나리오를 구성해 보고 필요한 자료는 무엇인지 공유했다.

하루하루가 순식간에 지나갔다. 매일 새벽까지 이어지는 회의에 다들 꾸벅꾸벅 조는 날도 많아졌다. 하지만 누구 하나 쉽게 자는 사람이 없었다. 아마 모두 알고 있었기 때문일 것이다. 우리가 점점 사건의 진실에 가까워지고 있다는 사실을 말이다.

사라진 범인의 행적을 쫓아라

"P가 △△카지노 투자 예치금을 모두 인출했어요!"

갑자기 날아든 첩보였다. P가 인출한 금액은 모두 7억이었다. 그 돈은 P의 권유로 피해자들이 △△카지노에 투자한 돈이었다. P의 집에서 찾았던 서류엔 인출 권한이 그에게만 있다고 적혀 있었다. 누구라도 지금 그가 도주를 준비한다는 사실을 쉽게 알 수 있었다.

하지만 아직 국내에서 그에 대한 체포영장이 발부되지 않아 섣불리 검거할 수도 없었다. 의심을 사지 않으면서도 연락을 잘 유지하고 있다고 생각했는데, 집을 수색할 때부터 그의 답장이 오지 않아 불안하던 차였다. 눈치가 빨랐다.

나는 신속하게 △△카지노로 향했다. 카지노의 CCTV를 확인하니 P가 투자 예치금을 페소로 인출해 캐리어에 넣고 유유히 나가는 모습이 찍혀 있었다. 아마 그 캐리어가 청소부가 말했던 '스티커가 덕지덕지 붙은 여행용 캐리어'였을 것이다. 그렇게 P는 연락이 두절된 채 감쪽같이 흔적을 감췄다. 그날 이후 그동안 그가 얼마나 바쁘게 움직이고 있었는지 하나둘 드러나기 시작했다.

"어제 P가 우리 가게에 빈 금고를 하나 갖다 놨어요."

P가 갑자기 빈 금고 하나를 자신의 가게로 가져와 잠시 보관해 달라고 했다는 제보였다. 곧이어 콜라 캔에서 밝혀진 제삼자의 정체도 서서히 드러났다.

"아, 그 친구! P가 아는 동생이라고 소개하던데요? 우리 가게에도 종종 같이 왔어요. 피살사건 있기 전날에 그 아는 동생이 피해자들을 골프장에서 데려왔다던데."

제삼자를 알고 있던 교민이 말한 내용을 기반으로 나는 앙헬레스 코리아타운 내 CCTV를 이 잡듯 뒤졌다. 그리고 그들이 마트에서 함께 장을 보는 장면을 포착했다. 제삼자, 즉 P의 아는 동생(이하 '동생')의 실제 얼굴을 확인할 수 있었다.

한편 다른 코리안데스크는 P가 지인의 가게에 빈 금고를 가져다 둔 날을 전후로 가게 인근의 CCTV를 살폈다. 그리고 코리아타운 내 한 주차장 CCTV에서 P와 그의 운전기사가 각각 한 대씩 차를 끌고 와 주차한 뒤 P의 차에서 운전기사의 차로 삽을 옮겨 싣는 장면을 포착했다. 마치 증거를 인멸하려는 듯 말이다. 정황증거들이 점점 쌓이고 있었다.

사건이 발생한 지 4~5일쯤 지났을 때였다. 그날도 밤 11시의 회의를 마치고 집에서 쉬고 있는데, 모르는 번호로 전화가 걸려 왔다.

"앙헬레스 코리안데스크님 맞으시죠? 사탕수수밭 피살사건 관련해서 제보할 게 있는데…… 혹시 지금 좀 뵐 수 있을까요?"

시기가 시기인지라 자정이 다 된 시간에 갑자기 모르는 사람이 보자고 하니 솔직히 부담스러웠다. 심지어 제보자는 인적이 드문 조용한 곳에서 만나자고 했다. 나를 불러내서 죽이려는 건 아닌지 의심스러울 정도였다. 그도 그럴 게 내가 여기서 수사를 중단하면 이 사건은 99퍼센트 미제 사건으로 처리될 수 있었기 때문이다.

잠시 고민도 되었지만, 나는 제보자를 만나기로 했다. 그리고 침대 옆 서랍에 고이 모셔두던 총을 꺼내서 가지고 나갔다. 약속 장소는 지나다니는 사람이 없어 유난히 어둡고 조용했다. 나는 차 안에서 왼손으로는 운전대를, 오른손으로는 총을 잡은 채 의문의 제보자를 기다렸다.

혹시 모를 긴급 상황을 대비한 시나리오도 머릿속에 세워보았다. 이런 상황에서 총을 쏘는 경우 오토바이를 활용할 때가 많은데, 보통 운전석까지 오토바이를 타고 와서 창문을 쏘거나 내가 차에서 내렸을 때 쏘는 것 두 가지다. 내가 너무 과민 반응인가 싶었지만, 안전에 관한 문제일수록 더 예민하게 대비해야 한다. 그런 상황이 발생하지 않으면 본전이지만, 발생하면 그 즉시 황천길이다. 내 두 눈은 지속적으로 백미러와 사이드미러를 오가며 훑었고, 모든 오감은 혹시 모를 오토바이 소리나 인기척에 집중되었다.

20분쯤 기다리니 50미터 뒤에 또 다른 차가 멈춰 섰다. 나는 총을 다시 움켜쥐었다. 차에서 내린 덩치 큰 사내는 내 차로 저벅저벅 걸어왔다. 딱 봐도 한국인이었다. 주위를 둘러보았지만 그 사람 외에 내게 접근하는 사람은 더 없었다.

행여나 그에게 총이나 다른 무기가 있을 가능성이 있으니, 그가 걸어오는 동안 손이나 소지품을 빠르게 훑었다. 다행히 별다른 특이점은 없었지만 그래도 긴장을 놓을 순 없었다. 그를 미끼로 나를 차에서 내리게 한 뒤 누군가 재차 접근할 수 있다. 코리안데스크로 지낸 지 1년이 훌쩍 지나니 어느새 안전이라면 거의 노이로제에 걸린 사람처럼 행동하게 되었다.

"앙헬레스 코리안데스크 맞으시죠?"

의문의 사내가 운전석 쪽 창문을 두드리며 재차 나를 확인했다. 나는 문을 열며 대답하고 그에게 빠르게 양해를 구한 뒤 먼저 그의 몸을 수색했다. 이상 없음을 확인한 후 그를 내 차에 태우고 다른 곳으로 이동했다. 따라오는 오토바이도 없었다. 그제야 조금 안도의 한숨을 내쉴 수 있었다.

"오늘 P가 저희 집에 더플백을 들고 왔어요."

P는 제보자에게 군용 더플백을 가져와서는 짐을 좀 맡아 달라고 부탁하며, 사고를 쳐서 당분간 잠수할 예정이란 말을 덧붙였다. 사탕수수밭 피살사건의 범인이냐는 질문엔 모른다는 말과 함께 사라졌다고 했다. 제보자는 그가 범인임을 직감해 혹시나 공범으로 의심을 살까 봐 제보하게 되었다고 했다. 건네받은 더플백엔 피해자들의 걸로 추정되는 옷가지들과 은색 테이프가 있었다. 그 테이프는 피해자들의 시신이 발견되었을 때 손발과 입을 결박하고 있던 테이프와 동일한 제품이었다.

긴장감 가득했던 밤이 지나고, 아침이 밝자 또 다른 모르는 번호로 전화가 왔다.

"어제 P가 저희 집에 와서는 총을 숨겨 달라고 부탁하더라고요."

어제는 P가 우리만큼이나 바빴던 것 같다. 여기저기서 그와 관련한 제보가 빗발쳤다. 이번 제보자의 말에 따르면 평소 친분이 있었던 사이라 P의 손님이 오거나 그가 어떤 장소가 필요할 때면 자신의 빈 콘도를 종종 썼다고 했다. 그런데 이번엔 그가 자신이 잠시 어디 멀리 나가야 하니 콘도에 총을 숨겨 달라고 했다는 것이다. 제보자는 그에게 무슨 일인지 물었으나 이번에도 누가 사고를 쳤다고만 말했다고 했다. 물론 제보자는 그의 요청을 거부했다.

나는 순간 P가 그 콘도에 아직 숨어 있을 수 있겠다는 예감이 들었다. 그가 거기 없다고 해도 콘도에서 범행에 사용된 총기는 찾을 수 있겠다고 생각하고 있던 참이었다.

"사탕수수밭 피살사건 범인이 지금 ○○콘도에 숨어 있는 거 같은데, 검거 가능해?"

앙헬레스 CIDG에 검거 지원을 요청하니 대형 사건이라 그런지 바로 가능하다며 검거 작전을 준비했다. 때마침 한국에서도 P와 동생에 대해 강도살인 및 사체유기죄 혐의로 체포영장이 발부된 상태였다.

CIDG에서는 다섯 명이 출동했다. 그들은 콘도 앞에서 총을 들고 슬금슬금 계단을 올라 현관문 앞에 멈춰 섰다. 그런데 제일 앞에 있는 사람을 보니 반바지에 플립플롭, 속칭 '쪼리' 차림이었다. 아무리 사복 부서고 이곳이 더운 지역이라곤 하지만, 사람을 세 명이나 죽인 범인을 검거하는 데 쪼리라니. 하긴, 그들은 한국 경찰처럼 운동화를 신고 범인을 쫓을 필요가 없었다. 총을 쏘면 그만이니까.

긴장감이 가득한 상황에서 잠시 몰입이 흐트러졌지만, 그런 상태에서도 초집중인 그들을 보며 나도 다시 집중했다. 조용히 손가락으로 셋을 센 뒤 순식간에 총을 겨누며 문을 열어 안으로 진입했다. 각 방을 신속히 수색했지만 아쉽게도 방엔 아무도 없었다. 총기 또한 찾지 못했다.

허탈함에 콘도 밖으로 나온 나는 주변을 둘러보았다. 북적북적한 코리아타운의 분위기와 달리, 콘도 주변은 논밭이 펼쳐져 한적한 분위기였다. 나는 혹시나 하는 마음에 콘도 관리자에게 사건 발생일을 전후로 주차장 CCTV 영상을 요청했다. 늘 그랬듯 역시나 큰 기대 없는 곳에 예상외의 큰 수확이 있었다.

사탕수수밭에서 시신들이 발견되었던 2016년 10월 12일 오전 6시로 영상을 재생했다. 콘도 주차장에서 P와 동생이 함께 차에서 내리는 장면이 찍혀 있었다. 둘이 공범이란 강력한 증거였다. 차에서 내린 둘은 손수건으로 백미러를 털어냈다. 마치 사탕수수밭에서 묻은 풀들을 떼어내듯 말이다.

지금까지 객관적 증거들을 수집하는 데 집중했다면 이제 본격적으로 P를 잡아들여야 할 때였다. 그동안 사탕수수밭 피살사건을 비공개로 수사했지만, 나는 그날부터 P의 공개수배 전단지를 직접 만들어 교민 사회에 뿌리기 시작했다.

필리핀 경찰에서도 P의 운전기사를 소환조사한다고 통보

했다. 서둘러 사무실에 간 나는 운전기사 신문 과정을 지켜보며 새로운 정보를 얻을 수 있었다. 그에 따르면 P는 사건이 일어나기 전 자신에게 킬러를 구해달라고 요청했고, 이를 거절하자 그에게 총과 소음기를 구해달라고 했다.

사실 운전기사를 처음 만났을 때부터 나는 그가 범행을 주도하거나 범행에 가담하지는 않았을지 의심하고 있었다. 나는 신문이 끝난 운전기사와 이야기를 나누다 그에게 담배 한 개비와 빨대를 꽂은 음료수를 슬쩍 건넸다. 미끼였다. 나는 운전기사와 헤어진 뒤 담배와 빨대를 몰래 수거해 한국으로 보냈다. 사탕수수밭에서 수거했던 담배꽁초의 DNA와 대조해 보기 위해서였다. 여기서 나온 DNA가 일치한다면 운전기사가 사건 발생 당시 현장에 있었다는 사실이 확실해질 것이다. 그러나 내 음흉한 계략(?)과 달리 운전기사의 DNA는 일치하지 않았다.

한편 카지노업계 종사자에게도 제보가 들어왔다. P는 이번에도 그에게 사고를 쳤으니 좀 도와달라고 요청했는데, 이내 장난이었다고 말하며 사라져 버렸다고 했다. 카지노업계 종사자는 대화 분위기상 그가 범인이 확실한 것 같다는 말을 함께 전했다.

어느덧 사건이 발생한 지도 10여 일이 지났다. P의 범죄 혐의가 짙어질수록 그의 소재를 파악하는 게 날로 어려워지고 있어 안달이 나기 시작했다. 한국에서 온 공동조사팀과 코리안데스크 파견 인력도 모두 철수해서 다시 혼자가 되었다. 범인을 검거하는 일은 오롯이 내 몫으로 남았다.

범인 추적이 한창일 무렵 한국에서 P와 공범이었던 동생의 긴급체포 소식이 들려왔다. 공동조사팀 소속이었던 수사관은 우리가 그간 필리핀에서 조사한 것들을 들이밀면 그도 순순히 자백할 것이라고 했지만, 그는 공범죄 혐의를 일체 부인했다. 그는 우리의 예상대로 필리핀은 P를 만날 겸 놀러 간 것이었고, 피해자들과는 안면만 튼 사이라고 진술했다. 결국 그는 석방되었다. 우리에게는 좀 더 핵심적인 증거 한 방이 필요했다.

경찰 인생 최고의 37일

P의 소재와 관련한 제보는 계속해서 쏟아졌다. 장소도 다양했다.

"마닐라의 카지노에서 본 것 같아요."

"수빅에 있는 식당에서 본 것 같은데요."

나는 제보가 들어오는 족족 그 장소들을 찾아갔지만, 매번 허탕만 칠 뿐이었다. 아예 P를 끌어내기 위한 시도를 해보기도 했다. 한 번은 그의 지인들을 설득해 끌어내 보려 했고, 한 번은 또 다른 지인이 그와 통화하는 내용을 스피커폰으로 옆에서 함께 듣기도 했다.

그때는 P의 행방이 묘연해진 후 카지노업계를 중심으로 이상한 소문이 돌고 있던 차였다. 그가 △△카지노 투자 예치금을 모두 인출했다는 사실이 들통났고, 한국 조폭들이 그 돈을 되찾기 위해 그를 잡으러 돌아다닌다는 소문이었다. 항간엔 이미 조폭들이 P를 살해하고 돈을 갈취한 뒤 어딘가 묻어버렸을 것이란 소문도 돌았다. 하지만 불행 중 다행으로 그는 아직 살아 있었다. 이렇게나마 그의 목소리를 들으니 약간 안심이 되기도 했다.

그러던 어느 날 P가 자신의 필리핀인 여자 친구와 함께 도주하고 있다는 첩보가 들어왔다. 나는 여자 친구의 SNS 계정을 살폈다. 여성이 올린 사진 중 그들이 한 리조트 식당에서 밥을 먹는 사진이 있었다. 사진 상단에 있는 문신한 남성의 팔을 자세히 보니 P의 문신이었다.

P가 그 식당에 있다는 사실을 알게 되자 가슴이 미친 듯 두근거렸다. 드디어 뭔가 손에 잡히는 듯했다. 나는 이 리조

트가 어디인지 알아내기 위해 SNS를 뚫어지게 살펴보았다. 무심코 지나칠 수도 있을 평범한 사진들이지만, 운이 좋다면 사진 한 장에서 상당히 많은 정보를 건질 수 있을 것이다. 한 사진 속 음식 그릇 옆에 손바닥만 한 하얀 냅킨이 눈에 들어왔다. 그 냅킨엔 주황색으로 이렇게 쓰여 있었다.

푸에르토 델 솔 Puerto Del Sol

리조트 식당의 이름이었다. 검거를 위해 지체 없이 바비에게 연락했지만, 바비는 이미 중국 경찰과의 작전이 예정되어 있어 바로 출동하긴 어렵다고 했다. 큰일이다. 바비가 출동해 주지 않으면 P를 검거하는 것도 원칙적으로 불가능했다.

오랜 하소연 끝에 바비는 잠시 전화를 끊어보라고 했다. 10분 뒤 다시 걸려 온 전화에서 바비는 출동이 가능하다고 말했다. 고맙게도 중국 경찰과의 작전을 미루고 내게 먼저 달려와 준 것이다.

이번 출동엔 바비 말고도 마닐라 코리안데스크 두 명과 영사협력원인 신 사장도 합류했다. P가 있는 곳으로 추정되는 리조트는 앙헬레스에서 북서쪽으로 220킬로미터 정도 떨어진 곳으로, 차로도 무려 다섯 시간이나 걸리는 거리였다. 나는 출동 전 부랴부랴 은행에 가서 두둑하게 현금을 인출했다. 이번 출동에 드는 유류비와 식대 같은 경비는 모두 내가 부담해야 했기 때문이다.

리조트에 도착하니 이미 오후 6시가 되었다. 뉘엿뉘엿 지는 해를 뒤로 바비와 리조트에 들어가서 로비 카운터에 신분을 밝히고 P의 투숙 여부를 확인했다. 하지만 그가 어제 이곳에서 체크아웃했다는 답이 돌아왔다. 정말 간발의 차였다. 기대가 컸던 만큼 아쉬운 마음이 북받쳐 올랐다. 오랜 시간 추적해 왔지만, 이렇게나 가까이 다가간 적은 처음이었다.

한순간에 긴장이 탁 풀리자 잊고 있던 고단함이 몰려왔다. 우선 리조트 식당 테라스에서 저녁을 먹고 담배를 한 대 피웠다. 다시 고민이 시작되었다. 그 와중에 바닷가를 낀 리조트의 석양이 원망스러울 정도로 너무나 아름다웠다.

'P는 과연 어디로 갔을까. 이대로 다시 앙헬레스로 돌아가야 하나……?'

리조트에서 잠시 대기하던 중 P의 여자 친구 SNS에 새로운 사진이 올라왔다. 흰색 벽돌에 파란 지붕이 도드라진, 마치 이슬람 궁전처럼 생긴 리조트였다. 나는 즉각 첩보망을 굴려 사진 속 리조트가 어디인지 수소문했다.

잠시 뒤 바기오 코리안데스크가 바기오의 리조트란 회신을 보냈다. 바기오는 이곳에서도 북쪽으로 171킬로미터는 더 가야 하고, 소요 시간도 네 시간이 넘게 걸리는 곳이다. 이미 밤 9시였지만 우리는 고민할 것도 없이 해당 위치로 향했다. 한편 나는 레네가 죽은 뒤 운전기사를 새로 고용했는데, 이 운전기사의 특기는 놀랍게도 졸음운전이다……. 바기오로 갈 때도 꾸벅거리며 운전하는 바람에 결국 나와 다른 사람들이 번갈아 가며 운전대를 잡아야 했다.

우여곡절 끝에 바기오의 리조트에 도착하니 새벽 2시가 되었다. 하지만 이번에도 한발 늦고 말았다. 그가 오늘 퇴실했다는 답이 돌아왔다. 두 번이나 아슬아슬하게 위치가 어긋나고 말았다. 만약 이곳에 P가 투숙하지 않았다면 깨끗이 포기라도 할 텐데, 간발의 차라고 하니 애만 탔다. 그래도 어긋나는 시간차가 점점 줄고 있다는 게 다행이라면 다행이었다.

P의 현재 동선으로 봐서 그가 다시 앙헬레스나 마닐라로 돌아갈 것 같지는 않았다. 마치 필리핀 북부를 유랑하는 느낌이었다. 하지만 밤이 늦었기에 일단 우리가 하루 묵을 숙소를 찾아보았다. 추적팀이 10여 명에 달하다 보니 좋은 숙소에서 자는 건 예산상 어려웠다. 근처에서 몸만 누울 수 있는 곳이라도 찾다 보니 다 쓰러질 것 같은 여인숙에 단체실

두 개를 잡게 되었다. 함께 온 사람들의 몰골이 안쓰럽기도 하고, 웃기기도 했다. 다들 더운 날씨에 땀에 절어 꼬질꼬질했다. 숙박을 하리라곤 예상하지 못했기에 여벌 옷이나 속옷, 세면도구를 가져온 사람도 없었다.

급하게 잡은 숙소의 화장실은 층고가 낮아 등을 다 펴면 머리가 천장에 닿았다. 구부린 채로 들어가 몸에 닿으면 꼭 병에 걸릴 듯한 세탁비누로 박박 씻었다. 수건이 모자라서 낮에 입었던 옷으로 대충 물기를 닦고 간이침대에 누웠다. 삐걱거리는 침대는 곧 무너질 것 같았고, 에어컨 소리도 고장 난 듯 요란했지만 피곤했던 탓인지 금방 잠에 들었다.

다음 날 아침, 첩보망을 돌리며 다시 검거 작전을 논의하던 중 P가 비간에 갔다는 첩보가 날아들었다. 비간은 스페인이 필리핀을 지배하던 당시의 모습이 잘 보존된 지역으로, 도시 자체가 유네스코세계문화유산에 지정되어 있다. 평소 나 역시 한번 가보고 싶었는데, 앙헬레스에서 차로 일곱 시간이나 가야 한다고 해서 엄두가 나지 않았던 곳이다. 그런데 이런 식으로 그곳을 가게 될 줄은 몰랐다.

여기서 또 북쪽으로 145킬로미터, 차로 세 시간을 이동해 도착한 비간. 필리핀 경찰과 함께 탐문수사와 수색을 펼쳤지만, 이번에도 그를 검거하는 데는 실패했다.

3일 차가 되자 이번엔 그가 다른 나라로의 밀항을 준비하고 있다는 첩보가 들어왔다. 그간 왜 P가 자꾸 필리핀 북부 지역에 출몰하는지 이해가 갔다. 필리핀 최북단 바다 인근에 라오아그공항이 있고 그 바다 건너 대만이 있다. 라오아그공항은 수도인 마닐라뿐만 아니라 앙헬레스에서도 차로 열 시간이나 걸리는 곳이라 한국인에게 생소한 공항이다.

아무래도 P가 감시가 허술한 이 공항을 이용하거나 인근 바다를 통해 배편으로 제삼국으로 도주하려는 건 아닌지 의심스러웠다. 구글 맵을 켜니 라오아그공항은 비간에서 북쪽으로 85킬로미터, 차로 두 시간 정도 거리에 있었다. 여기까지 왔는데, 더 못 갈 곳이 어디 있으랴.

"자! 이제 마지막이야!"

추적팀에 마지막 추적임을 선포하며 다시 한번 힘내보기로 했다. 진짜로 이제 필리핀 최북단이기 때문에 더 이상 갈 곳도 없긴 했다. 하지만 그렇게 호기롭게 간 마지막 추적 역시 실패로 돌아갔다. 우리는 결국 철수하기로 결정했다.

"잠깐 하는 작전인 줄 알았더니, 2박 3일 동안 제대로 씻지도 못했네. 하하."

돌아오는 길에 추적팀 중 한 명이 웃으며 말했다. 그 말을 들으니 너무 미안하고, 또 고마웠다.

며칠이 지나 우릴 비웃기라도 하듯 P의 여자 친구 SNS에 새로운 사진이 올라왔다. 나는 바짝 약이 오르기 시작했다. 사진 속 여성은 깔끔한 호텔 화장실에 있었다. 다시 그 호텔을 꾸역꾸역 찾아 바비와 함께 모든 주차장과 인근 카지노들을 돌아다녔지만, 이번에도 실패였다. 문득 바비를 자꾸 이렇게 불러대면 나중에 양치기 소년이 될지도 모르겠다는 생각이 들었다. 나는 당분간 혼자 움직이기로 했다.

그 이후로 여자 친구의 SNS엔 새 글 알림이 계속 떴고, 추적과 실패도 반복되었다. 결국 나는 SNS를 통해 뒤쫓는 건 한발 늦다는 걸 인정했다. 그래서 지인을 활용해 그의 여자 친구를 끌어내 보려 했지만, 이마저도 큰 성과가 없었다.

어느새 사건이 발생한 지 한 달이 지났다. 이제는 주변에서도 범인을 잡는다고 누가 돈이라도 더 주냐며 적당히 마무리해서 필리핀 경찰 쪽에 넘기라고 했다. 하지만 이대로 멈출 순 없었다. 피해자 자녀가 울먹이던 모습이 떠올랐다. 그리고 이역만리 타국에서 위안이 되어주었던 방앗간 같은 한인회와 한인회장에게도 범인을 검거하기 전까지 앞으로 한인회에 들르지 않겠다고 장담했던 게 떠올랐다. 사람을 세 명이나 죽였다는 데 대한 분노, 반드시 잡아 처벌하겠다는 정의감 외에도 나는 한국 경찰로서 자존심을 지키고 싶었다. 다른 사건도 아니고 한국인 사이에서 벌어진 피살사건에서 범인을 검거하지 못한다면 한국 경찰인 코리안데스크의 가치는 무의미했다.

그러던 어느 날 아주 결정적인 첩보가 입수되었다. P가 자신의 여자 친구와 마닐라의 어느 콘도에 거주하고 있다는 첩보였다. 게다가 정확히 어느 콘도인지도 나와 있었다. 때마침 여자 친구의 SNS에도 그 콘도에서 찍은 듯한 사진이 한 장 올라와 있었다. 나는 진짜 마지막이라고 생각하고, 바비와 마닐라 코리안데스크에게 지원을 요청했다.

드디어 디데이. 제보받은 콘도 앞에 모두 집결했다. 콘도는 생각보다 규모가 꽤 큰 편이었는데, 20여 층 높이의 동으로 여러 개 나뉘어 있었고 각 층엔 30세대 정도 있었다. 모두 합치면 적어도 1000세대는 넘어 보였다. 한마디로 이 대단지에서 우리는 P를 찾아야 하는 것이다.

그들의 이름으로 등록된 세대가 없다는 걸 확인한 우리는 잠시 회의를 열었다. 일단 각 동 출입구에 경찰 인력을 배치해 틀어막고, 각각 흩어져 P에 대한 정보를 얻기로 했다. 소재가 특정된 이상 이제부터는 무기한 잠복뿐이었다.

그래도 좀 더 효율적인 방법이 필요했다. 그때 마침 여자 친구의 SNS에 올라와 있던 사진이 떠올랐다. 그 사진이 콘도 안의 방에서 찍은 사진이라면 상당한 의미가 있었다. 여성이 누워 있는 파란 침대보와 그 뒤로 보이는 갈색 물결무늬 커튼, 이 두 가지를 이용하면 세대를 특정할 수 있을 것 같았다. 각 세대는 복도 쪽으로 창문이 나 있는 구조라 운이 좋다면 커튼을 찾을 수 있을지도 몰랐다.

물론 그 전에 그 사진의 배경이 이 콘도에 있는 방, 특히 복도를 인접한 방이어야 한다는 전제가 깔려 있어야 했다. 그런 조건의 방을 찾을 확률은 낮았지만, 아예 없는 것도 아니었다. 우리는 모두 흩어져 갈색 물결무늬 커튼을 찾기 시작했고, 한 시간의 수색 끝에 기가 막히게도 그 커튼이 드리워진 방을 찾아냈다. 솔직히 정말 찾을 수 있을 줄은 몰랐다. 온몸에 전율이 일었다. 그 방 앞으로 모든 인원이 집결했다.

우여곡절 끝에 P가 머무는 곳으로 추정되는 세대를 찾았지만 아직 확실치는 않았다. 동일한 커튼을 사용하는 다른 사람의 집일 수도 있고, P의 집이 맞다고 해도 그가 지금 집에 없을 수도 있었다. 문 앞에 살짝 귀를 대고 소리를 들어보니 안에서 인기척이 들렸다. 누군가 이 안에 있는 것만은 확실했다. 우리는 바로 현장을 덮칠 건지, 그가 이 안에서 나오기를 기다릴 건지 논의했다. 들어갔는데 P가 없으면 어떻게 할 건지도 논의했다. 논의 끝에 일단 현장을 급습하기로 했다.

이제 그가 이 안에 있기만을 바라야 했다. 나는 두 손을 모아 간절히 빌었다. 바비가 콘도 관리자를 불러 관리비를 빌미로 초인종을 누르게 했다. 하지만 문은 꼭 잠긴 채 열리지 않았다. 두 시간이 지날 동안 초인종을 연신 눌러댔지만, 문은 굳건히 잠긴 그대로다. 행여나 밖으로 난 창문으로 도주한 건 아닌지 의심했으나 관리자는 구조상 나갈 수 없다고 알려주었다. 그 말을 들으니 문이 열리지 않을수록 검거에 대한 기대감이 높아지기 시작했다.

그때 갑자기 빼꼼 문이 열렸다. 그 틈을 타 바비가 허리춤에서 총을 뽑아 들고 안으로 신속히 진입했다. 나는 두근거리는 가슴을 안고 휴대폰으로 안을 촬영하며 들어갔다. 이때 필요한 건? 바비의 시그니처 대사다. 범인을 발견하면 바비가 외치는 바로 그 소리!

"엎드려!"

거실을 지날 때쯤 안쪽에 있던 방에서 바비의 외침이 들렸다. 기다리던 소리에 심장은 미친 듯 뛰기 시작했다. 제발 P가 맞기를 기도하며 빠르게 방으로 뒤따라 들어갔다. 방엔 한 남성이 침대에 얼굴을 박고 팔을 등 뒤로 올린 채 제압당해 있었다. 팔에 있는 문신, 덥수룩한 머리. P와 비슷한 모습

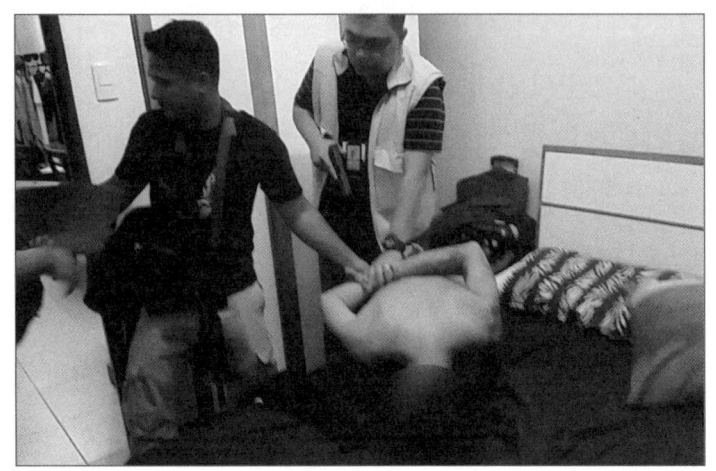

37일의 추적 끝에 검거된 P

이었다. 나는 침대에 파묻혀 보이지 않는 그의 얼굴을 직접 확인하고 싶었다.

"○○○ 씨! ○○○ 씨!"

내가 그의 진짜 이름을 부르니 그가 "네"라고 대답하며 고개를 들었다. P였다. 그토록 찾아 헤매던 사람이 맞는 걸 확인하니 온몸에 카타르시스가 흘러넘쳤다. 눈물이 났던 것도 같다. 당장이라도 목구멍이 터져라 소리를 지르며 전력 질주를 하고 싶었다. 가까스로 흥분을 참은 나는 바비를 보며 오케이 사인을 보냈다. 바비도 나를 보며 씨익 웃었다.

37일간 이어진 집요한 추적 끝에 드디어 사탕수수밭 피살 사건의 범인을 성공적으로 검거했다. 그사이 나는 몸무게가 5킬로그램이나 빠졌다. 한 달 넘게 서너 시간밖에 자지 못했으니 그럴 만도 하다. 피해자 자녀의 울먹이던 모습이 다시 나를 스쳐 지나며 정의를 실현했다는 뿌듯함이 용솟음쳤다(한편으로는 코리안데스크로서 밥값 했다는 안도감도 몰려들었다). 보이지 않는 정의의 끈을 놓지 않은 값진 결과였기에 스스로도 자랑스러웠다. 그를 추적했던 37일은 내 경찰 생활을 통틀어 참 지독했던 시간이었다.

중요한 건 절대 포기하지 않는 마음

범인을 검거했다고 해서 사건이 종결된 건 아니다. P가 검거된 후 국내 수사팀은 곧장 한국에 있던 P의 아는 동생(이하 '동생')을 다시 소환해 무려 일곱 차례에 걸쳐 신문했다. P의 검거 소식을 들은 그는 자신의 범행을 모두 자백했다.

아마 그는 검거된 P가 자신에게 죄를 뒤집어씌울지 모른다는 두려움과 함께 범행에 대한 양심의 가책을 느끼고 있었던 것 같다. 수사관은 이 같은 그의 심리를 훌륭하게 활용했다. 그렇게 사탕수수밭 피살사건의 내막이 세상에 알려졌다. 지금부터는 그의 자백으로 정리한 사건의 전말이다.

세 명의 피해자는 과거에 P의 도움을 받은 적이 있다. 그 인연으로 P가 있는 필리핀에도 가게 되었다. P는 그들에게 7억 원의 △△카지노 투자를 권유했다. 하지만 투자금 정산이 잘되지 않았고, 그들은 매일 P를 닦달했다. 이에 상당한 스트레스를 받은 그는 동생에게 전화해 한 가지를 제안했다. "야, 여기서 애네 죽이는 거 도와주면 내가 1억 줄게. 필리핀으로 와라."

당시 동생은 생활고를 겪고 있었다. 그는 P를 약간만 도우면 큰돈을 번다는 생각에 곧장 필리핀에 왔다.

P는 운전기사를 통해 총과 소음기를 구했다. 킬러도 구해 달라고 했지만, 운전기사는 처음에 알겠다고 하더니 딱히 진전이 없었다. P는 결국 자신이 직접 그들을 죽여야겠다고 결심했다. 하지만 어느 날부터인가 그는 동생에게 그들을 죽이라고 압박했다. 여기서 동생을 아는 사람은 아무도 없으니 살해 후 바로 한국에 돌아가면 된다고 꼬드겼다.

눈앞에 1억 원이 아른거리던 동생은 결국 이를 수락하고 피해자들을 결박할 테이프를 구매했다. 살해 후 시신을 유기할 장소를 물색하던 중 사탕수수밭을 발견한 그들은 연습 삼아 사탕수수밭에서 사격을 해보기도 했다. 소음기를 장착했음에도 컸던 총소리에 영화와 다르다며 놀란 것도 잠시, 그들은 사탕수수밭에 시신을 묻을 계획으로 집 마당에 돌아다니던 삽도 미리 차에 실었다. 하지만 동생은 살해 결심에도 이를 쉽게 실행에 옮기지 못했다.

하루는 비가 억수같이 내리던 밤이었다. P는 동생에게 빨리 죽이라며 재촉했다. 비가 오니 총을 쏘아도 그 소리가 잘 안 들릴 좋은 날이라면서 말이다. 그 와중에 P는 빌리지 밖에서 관리인과 대화하며 자신의 알리바이를 만들었다. 하지만 그날도 동생은 방아쇠를 당기지 못했다.

사건 당일 새벽 2시경. 피해자 두 명은 같은 방에서, 다른 한 명은 다른 방에서 자고 있었다. 지지부진한 동생의 모습에 P는 자신이 직접 살해하기로 마음먹고 총을 들고 나섰다.

그는 피해자 두 명이 자고 있던 방에 들어가 총구를 겨누며 그들을 폭행했다. 그리고 동생에게 테이프로 그들의 손발을 묶고 입을 막으라 지시했다. 다른 방에서 자고 있던 다른 한 명이 소리를 듣고 방으로 오자 다시 총구를 들이밀며 제압한 뒤 그들을 방 하나에 몰아넣었다.

P는 그들에게 방에 있던 금고의 비밀번호를 받아냈다. 하지만 금고엔 생각보다 적은 금액인 10만 페소(한화 약 250만

원)밖에 없었다. 그는 동생에게 그 돈을 챙기라고 말한 뒤 피해자들을 차에 태워 사탕수수밭으로 향했다.

사탕수수밭으로 향하는 동안 P는 동생에게 피해자들의 목을 졸라 죽여버리라고 말했다. 동생이 당황해하자 그는 그냥 아무거나 찾아 죽이라고 소리쳤다. 동생이 신발 끈을 풀어 피해자들의 목을 졸랐으나 끈이 끊어져 살해에 실패했다.

사탕수수밭에 도착한 그들은 피해자들을 땅바닥으로 끌어냈다. P는 그들의 머리에 한 발씩 총을 쏜 뒤 증거를 없애야 한다며 주변에 떨어진 탄피들을 주워 담았다. 그는 지문을 확인할 수 없도록 피해자들의 손가락을 다 자를지도 고민했다고 한다.

그들은 사탕수수밭 초입의 경사로를 이용해 시신을 굴려내린 뒤 땅에 묻기 위해 땅을 팠다. 하지만 생각보다 사탕수수 뿌리가 딱딱해 땅을 파기 어려웠고, 결국 동이 트기 시작했다. 그들은 그렇게 시신을 유기하고 집으로 돌아왔다.

"저 시신들, 금방 발견되진 않겠지?"

"야, 여기 필리핀이야. 시신들이 발견돼도 신원 확인하려면 못해도 일주일은 걸릴걸?"

불안했던 동생은 P의 말을 듣고 금세 안도했다. 그런데 집에 돌아와 샤워를 하던 동생에게 갑자기 주섬주섬 옷을 입은

P가 다가왔다. 아까 한 명이 제대로 죽지 않았던 것 같다며 다시 죽이러 가자고 했다. 그는 머리에 총을 쏘았는데도 한 명이 계속 꿈틀거리던 게 신경 쓰인다고 했다. 그들은 오전 6시쯤 다시 차를 타고 사탕수수밭에 갔다.

하지만 그들이 사탕수수밭 근처에 이르렀을 때는 이미 경찰이 사건 현장에 와 있는 상태였다. 그들은 평소 빌려 쓰던 지인의 콘도로 향했다. 차에서 내리며 P는 동생에게 백미러에 묻은 나뭇가지들을 털어내라 지시했다. 그리고 범행 때 썼던 삽을 다른 차에 옮겨 실은 뒤 어느 외진 길가에 버렸다.

그날 이후 P는 동생에게 한국으로 돌아가라고 재촉했다. 심지어 P는 동생이 금고에서 꺼냈던 10만 페소도 달라고 했다. 약속한 1억 원을 요구하자 그는 나중에 주겠다며 귀국 먼저 하라고 말했다. 동생은 하는 수 없이 돈을 돌려주고 한국으로 돌아왔다. P는 그에게 필리핀에서 쓰던 휴대폰은 대화 기록을 삭제한 뒤 버리라고 했다. 겁이 난 동생은 밀양강에 던져 버렸다고 했다. 동생의 진술은 여기까지였다.

국내 수사팀과 나는 확보한 증거자료들과 그의 진술을 비교했다. CCTV 영상, 청소부의 삽, 지인의 콘도…… 불명확했던 의미들이 퍼즐처럼 들어맞기 시작했다. 하지만 진술을 토대로 핵심 증거를 더 찾아내야 했다. 사건의 진정한 마무리는 검거가 아닌 유죄판결을 위한 핵심 증거의 확보다.

일단 지금 상황에서 핵심 증거는 단연 살해 도구로 쓰인 총과 밀양강에 버린 휴대폰, 범행에 쓴 삽이었다. 나는 필리핀 경찰과 사건 내용을 공유하며 총과 삽을 찾는 데 주력했다. 다행히 필리핀 경찰 쪽에서 운전기사의 진술을 바탕으로 P가 길가에 버렸다던 가방을 찾아냈다. 그 가방 안엔 총이 있었다. 추가 조사를 통해 그 총이 살해 도구로 쓰였다는 객관적 증거를 확보했다.

그다음 나는 한국에서 검거된 동생의 진술을 바탕으로 신 사장과 함께 범행에 쓰인 삽을 찾기로 했다. 그가 진술에서 삽을 버렸다고 한 장소는 작은 시골길 같은 비포장도로 옆이었다. 머리만큼 높이 자라 우거진 수풀 속엔 꼭 뱀이라도 있을 것만 같아 바로 들어가기가 꺼려졌다.

수풀을 수색하던 중 근처에서 놀던 필리핀 아이들이 무엇을 하냐고 물었다. 그때 신 사장이 아이들에게 말했다.

"너희들, 여기 수풀 뒤져서 삽하고 가방 좀 찾아보렴. 찾으면 500페소(한화 약 1만 2000원) 줄게. 근데 찾으면, 만지지 말고 바로 알려줘야 된다?"

수색 인원이 예닐곱 명으로 늘어났다. 아이들은 마치 게임

하듯 웃으며 수풀을 헤집고 다녔다. 그러던 중 한 아이가 "여기 있어요!"라고 소리쳤다. 나와 신 사장이 얼른 뛰어가서 보니 정말 삽과 가방이 수풀 안쪽 바닥에 떨어져 있었다. 감탄과 환희가 뒤섞인 소리를 지르던 우리는 이 상황이 웃기기도 해 큰소리로 웃었다. 우리는 곧장 국내 수사팀에 사진을 찍어 보냈고, 범행 후 버린 것들임을 확인했다.

마지막으로 남은 핵심 증거인 밀양강에 버려진 휴대폰을 찾아야 했다. 당시 나는 아직 앙헬레스 코리안데스크였던 때라 필리핀에 있었기 때문에 지금부터는 국내 수사팀에게 전달받은 내용이다.

동생의 진술을 듣고 국내 수사팀은 그가 휴대폰을 던졌다던 밀양강으로 갔다. 단서라고는 '밀양강에 휴대폰을 던졌다'와 '그 휴대폰의 액정은 깨져 있다' 두 가지뿐이었다. 수사팀은 수중과학수사대를 동원해 수중수색을 시작했다. 11월 말이었기 때문에 매서운 바람이 불기 시작한 때였다. 밀양강의 온도도 이루 말할 수 없을 정도로 차가웠다. 수중과학수사대는 휴대폰을 버린 시점에서 이미 한 달이나 지났기 때문에 수중수색이 큰 의미가 없을 것이라고 했다.

그러나 하늘은 무심하지 않았다. 몇 시간의 수색 끝에 강바닥에서 휴대폰을 찾아내고야 말았다. 게다가 디지털 포렌

범행 당시 사용한 삽과 가방

식 분석을 통해 삭제된 대화 기록까지 복원할 수 있었다. 거기엔 P가 동생에게 살해를 독촉하는 결정적 증거들이 담겨 있었다. 그렇게 우리는 사건의 핵심 증거들을 모두 찾으며 사건을 종결했다.

P의 아는 동생은 2017년 강도살인 및 사체유기죄 혐의로 징역 30년 형을 받고 수감 중이지만, P는 아직까지도 국내 송환이 이루어지지 않고 있다. 사람을 세 명이나 죽였지만 '한번 엎질러진 인생, 끝까지 가보자'라는 태도로 더 악인이

된 듯하다. 앞서 말했듯 그사이 그는 수감된 필리핀 교도소에서 두 번이나 탈옥을 시도했고, 비쿠탄수용소에서는 국내 마약 유통업자로 활약(?)하며 새로운 타이틀도 얻었다. 현재 그는 필리핀에서 살인죄로 징역 60년 형을 선고받고 복역 중이라 국내 송환이 더 쉽지 않게 되었다.

사탕수수밭 피살사건의 범인들은 자신의 범죄에 대해 각각 양국 법원의 심판을 받았다. 하지만 이 사건은 정말 끝난 게 맞을까? 나는 사실 P에 대한 심판은 아직 제대로 시작하지도 않았다고 생각한다. 그를 한국 법정에 세우고, 한국 교도소에 보내야 사건은 비로소 끝난다. 그러니 사탕수수밭 피살사건은 아직 종결되지 않았다. 내게 주어진 몫은 끝났을지 모르지만, 악은 성실하게도 지속되고 있다.

한편 이 사건을 비롯해 세상엔 아직 제대로 심판받지 못한 악이 그 얼굴을 바꾸어가며 우리 주위를 돌아다니고 있다. 나는 이 쉬이 사라지지 않는 악을 절대 포기할 수가 없다. 포기해서도 안 되고 말이다.

이 글을 쓰는 지금, 생각해 보면 경찰에게는 절대 포기하지 않는 마음이 가장 중요한 것 같다. 내 안에서 꿈틀거리던 정의의 불꽃도 그 작은 불씨에서 시작되었다. 어쩌면 정의는 끝까지 포기하지 않는 마음이 만드는 건지도 모르겠다.

[#3-3]
경찰로 산다는 것

범인이 한국인이 아닐 때

사탕수수밭 피살사건이 발생하고 두 달이 지났을 때쯤 앙헬레스 옆 포락이란 곳의 한 빌리지에서 한국인 남성이 목에 칼을 맞은 채 침대에서 사망했다는 신고가 들어왔다. 코리안데스크 활동이 끝나기까지 두 달여 정도 남은 시점이었다. 좀처럼 끊이지 않는 사건들에 지친 내가 너무 힘들다며 하소연하자 한국에 있던 동료가 웃으며 말했다.

"원래 끝물엔 다들 개점휴업 하는 거 아냐?"

부임 막바지에 이르면 인수인계나 작별 인사로 남은 시간을 보낼 줄 알았는데, 일복이 많은 탓인지 누구랑 인사하고

자시고 그런 건 하나도 할 수 없었다. 나는 한국 경찰청에 귀국 명령을 서둘러 내려달라고 요청했지만, 본청에서는 내가 현지 사건들을 더 잘 챙길 수 있도록 귀국 일정을 2주나 미루어 주었다. 그 배려(?) 덕분에 나는 돌아가기 전날까지 계속해서 사건을 챙겨야 했다.

살인사건 신고를 받고 포락의 빌리지로 갔다. 사건 신고자는 집주인으로, 나이가 지긋한 교민이었다. 그는 병약해 보였을 뿐 아니라 거동도 불편한 듯했다. 그의 말에 따르면 피해자는 30대 무직 남성으로, 몇 달 전 필리핀에 와 카지노에서 '생활도박(말 그대로 도박 자체가 직업인, 즉 매일 카지노로 '출근'해 하루 일당을 따고 '퇴근'하는 걸 말한다)'을 하며 지냈다. 오늘 아침 필리핀인 가정부가 청소하러 2층에 올라가니 그가 침대에서 목에 칼이 꽂힌 채 사망해 있었다고 했다.

나는 조심스레 집 안을 살펴보았다. 현관문을 열면 바로 주방이 보였고, 1층에 가정부의 방이 있었다. 그 왼쪽에 2층으로 향하는 계단이 있었는데, 계단에 흙 묻은 맨발자국이 있었다. 범인의 흔적이었다. 2층에 올라가니 손님용 방 한 개가 있고, 안쪽에 화장실과 방 두 개가 더 있었다. 그 안쪽 방 두 개가 각각 피해자와 집주인의 방이었다.

반쯤 열린 피해자의 방문 사이로 언뜻 들여다보니 오싹한

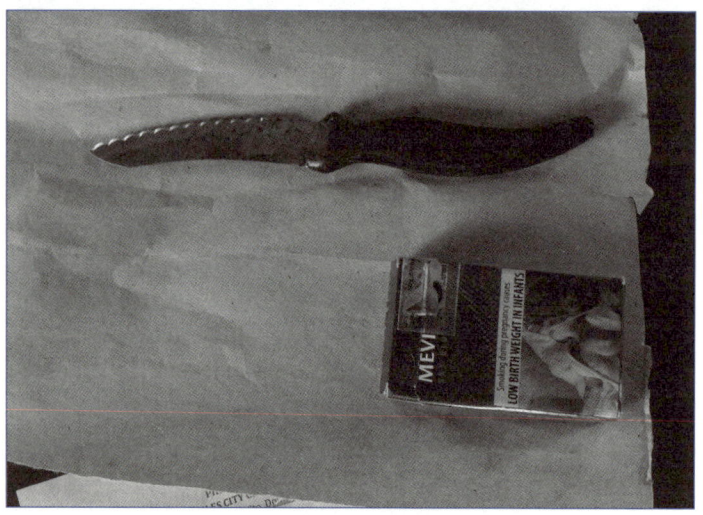

살인사건 현장이 된 교민의 집(위)
범행 도구로 쓰인 칼(아래)

장면이 펼쳐져 있었다. 침대와 바닥은 피해자의 피로 흥건했고, 사망한 피해자가 침대에 누워 있었다. 속옷만 입고 있는 걸로 봐서 자다가 봉변을 당한 듯했다. 침대엔 20센티미터 정도 되는 과도 한 자루가 덩그러니 놓여 있었다.

잠시 뒤 필리핀 경찰 현장감식반이 도착해 방 안으로 함께 들어갔다. 시신의 목엔 꽤 큰 구멍이 나 있었고, 팔 부근과 목 주변에 여러 방어흔이 있었다. 아마 공격받았을 때 상당히 방어하려고 했던 것 같다. 목을 노린 범죄인 만큼 범인은 이 남성에게 악감정이 있는 사람으로 보였다.

현장감식반은 피해자의 방 창틀에서 혈흔과 지문 한 개를 발견했다. 2층의 손님방 침대에서도 추가 혈흔을 발견했다. 한국이었다면 지문이 발견된 이상 게임은 끝난 것이나 다름없지만, 이곳은 필리핀이다. 국민의 지문을 따로 채취해 보관하지 않아 지문만으로 범인을 특정하긴 어려웠다.

나는 범인이 한국인일 가능성을 염두에 두고 그 지문을 한국 경찰청에 보냈는데, 한국인은 아닌 걸로 확인되었다. 범인이 필리핀인일 가능성이 높아진 만큼 이제부터 필리핀 경찰의 역할이 더 중요해졌다. 물론 피해자가 한국인이니 수사는 계속 공조해야 하지만, 실질적인 첩보 확보나 범인 추적은 전적으로 필리핀 경찰의 몫이다.

집 밖으로 나와 주변과 손님방 창문을 바라보았다. 근처에 골프장이 있어 집 주변으로 수풀이 꽤 자라 있었고, 나무를 타고 오르면 손님방을 통해 집 안팎을 드나들 수 있었다. 창문틀에서 나온 혈흔과 지문은 이 창문이 범인의 침입로이자 도주로라고 말해주었다.

필리핀 경찰과 인근을 좀 더 수색하던 중 버려진 흰색 티셔츠를 발견했다. 그 옷은 피해자의 것이었는데, 묻어 있는 피는 아마도 범인이 자신의 피를 닦은 것 같았다. 추후 분석 결과에서도 그 피가 피해자의 피는 아닌 걸로 밝혀졌다. 그러니 더더욱 범인의 피라고 추정해 볼 수 있었다. 범인 역시 범행 과정에서 상처를 입은 것이다.

가정부는 사건 당일 1층 방에서 자고 있었지만 누가 침입하는 소리는 듣지 못했다고 했다. 대신 새벽 5시쯤 일어나 보니 바닥에 흙이 있어 일부를 청소했고, 2층에 올라가 화장실을 확인하니 누군가 변기에 대변을 누고 물을 내리지 않아 자신이 물을 내렸다고 했다. 그리고 2층 손님방 냉장고에 있던 1.5리터 음료수 페트병 두 개가 비어 있었다고도 했다. 한편 피해자의 침대에서 발견된 과도는 1층 주방에 있던 것이며, 여분의 칼이 한 자루 더 있었는데 그건 보이지 않는다고 했다.

다음으로 집주인과 면담했다. 70대로 보이는 그는 비쩍 말라 연신 기침을 해댔다. 지병이 있어 몇 달째 병원을 오가며 치료 중이었다. 그는 지인을 통해 최근에 피해자를 알게 되었고, 잠시 방을 빌려준 것일 뿐 특별히 친한 사이는 아니라고 했다. 사건 당일엔 TV를 틀어놓고 자는 바람에 아무 소리도 듣지 못했다고 했다.

집주인과 면담이 이어지던 때 갑자기 필리핀 경찰이 집 앞에 주차된 집주인의 차 뒷좌석 바닥에서 피 묻은 칼이 추가로 발견되었다고 알렸다. 가정부 면담 때 들었던 그 칼이었다. 집주인의 표정이 일그러지는 걸 보았지만, 사건 당일에 자신은 듣거나 본 게 아무것도 없다고 계속 말해서 면담을 종료했다. 나는 집주인이 의심스러워지기 시작했다.

참고인 조사와 주변 수색을 마친 뒤 잠시 머릿속에서 수사 방향을 정리했다. 이 살인사건이 누군가의 청부살인인지, 강도에 의한 우발적 살인인지, 내부자의 공범이 저지른 소행인지 1차로 판단 중이었다.

일단 범행도 그렇고, 사건 현장도 너무 아마추어 같았다. 마치 아무것도 모르는 10대 청소년이 저지른 범행 현장 같다고 할까. 널려 있는 맨발자국과 지문, 피 묻은 티셔츠, 변기 속 대변, 냉장고에서 꺼내 마신 음료수까지 일부러 초범인

척 꾸몄다고 해도 투박할 정도다. 청부살인은 아닌 것 같았지만, 집안을 자유롭게 다닌 듯한 흔적 때문에 내부자가 관여한 게 아닌지 의심스러웠다. 주변에 별다른 CCTV가 없어 쉬운 길을 어렵게 돌아가는 느낌이었다.

이 사건으로 한국에서 또다시 공동조사팀이 파견되었다. 우리는 피해자가 살았던 집을 더 꼼꼼하게 수색했다. 이번엔 피해자의 방이 아닌 집주인의 방에 들어가 살폈다. 수색 중에도 지난번 집주인과의 면담 내용이 꺼림칙해 머릿속을 떠나지 않았다.

피해자의 시신에 있던 방어흔으로 봐서 그는 격하게 저항했을 것이다. 그 조용한 새벽에 옆방에서 나는 소리를 하나도 못 들었다니. 그의 말이 의심스러웠다. 게다가 살펴보니 집주인의 방은 피해자의 방과 얇은 벽을 사이에 두고 있었고, 실제로 옆방에서 조금만 소리를 내도 방에서는 그 소리가 크게 들리는 걸 확인했다. 집주인이 거짓말을 하는 듯해 점점 더 의심스러워졌다.

"사실…… 그날 무슨 소리를 듣긴 했어요."

집주인은 2차 면담에서 고백했다. 이럴 줄 알았다. 그는 '진짜' 진술을 시작했다. 집주인은 사건 발생 시각이었는지는 잘 기억나지 않지만, 옆방에서 쿵 하는 소리와 "악!" 하는 비명을 들었다고 했다. 그리고 잠시 뒤 자신의 방 문고리를 한번 살짝 돌려보는 소리가 났다. 그는 평소 문을 잠그고 잤기에 다행히 문이 열리지 않았고, 겁이 나 나가보지는 못했다고 했다. 그냥 피해자가 카지노에서 거액을 잃고 소란을 피우는 건 아닐까, 하고 치부해 버렸다고 했다. 밖에서 차 문을 여닫는 소리도 들렸지만, 이 또한 피해자가 차를 쓰려는 걸로 생각해 그냥 잤다고 했다. 나는 집주인에게 왜 처음에 거짓말했는지 물었다.

"제 차에서 피 묻은 칼이 나왔잖아요."

대답을 듣고 나니 그가 이해되었다. 보복 범죄가 판을 치는 필리핀에서 그런 상황은 '입 열면 죽인다'는 경고로 받아들여지기 충분했다. 집주인의 거짓 진술로 추후 집주인과 가정부에 대해 거짓말탐지기를 추가로 실시했으나 별다른 특이점은 발견되지 않았다.

그즈음 피해자의 사망 소식을 전해 들은 절친한 친구가 필리핀에 왔다. 그는 피해자가 사건이 발생하기 몇 시간 전까지만 해도 자신과 문자를 주고받고 있었고, 마지막으로 필리핀인 여자 친구를 만나러 간다고 한 뒤로 연락이 끊겼다고 했다. 더 들어보니 몇 달 전 여자 친구가 임신해서 피해자의 권유로 낙태시술을 받았고, 그 일로 둘이 심하게 싸웠다고 했다. 친구는 그 여성을 강하게 의심하고 있었다.

'필리핀에서 낙태를……? 혹시 보복 범죄인가?'

필리핀에서 낙태는 국민정서상 받아들이기 힘든 결정이다. 미혼모를 이상하게 여기지 않는 사회적 분위기 때문에 굳이 낙태를 선택하지도 않는다. 나 역시 코리안데스크로 지내는 동안 필리핀 여성이 낙태했다는 말은 처음 들었다.

나는 일단 이 여성의 연락처를 확보한 뒤 필리핀 경찰과 여성을 조사할 계획을 논의했다. 여성의 보복 범죄일 가능성과 내부자가 공범일 가능성, 이 두 가지로 크게 의심 가는 상황이었다.

여성은 우리와의 면담에서 사건 당일 피해자를 만나기로 한 게 사실이라고 말했다. 하지만 자신도 중간에 연락이 끊겨 그를 만나지 못했다며 살인죄 혐의를 부인했다. 여성은 슬픔과 억울함이 뒤섞인 눈물도 보였다. 나는 조심스레 여성의 낙태 사실에 대해 질문했다. 여성이 흠칫 놀랐다.

"남자 친구가 자꾸 권유해서 하게 됐어요. 근데 나중에 친오빠들이 알고 엄청 화를 냈어요."

여성의 말을 듣고 나니 이번 사건은 이 여성의 친오빠들이 분노에 휩싸여 벌인, 아주 조심성 없고 아마추어적인 보복 범죄일 가능성이 높아 보였다. 나는 지금까지 확보한 증거자료와 진술을 필리핀 경찰에게 모두 넘긴 후 조속한 사건 해결을 촉구하는 걸로 내 역할을 마쳤다. 국내 복귀가 임박해 있었고, 범인이 한국인이 아니었기 때문에 이 이상 내가 할 수 있는 게 없었다.

나는 사건 현장에서 발견된 혈흔과 지문, 족적 등을 통해 범인이 필리핀인이란 게 확인되었고, 범인 역시 상처를 입었으며, 피해자의 여자 친구 오빠들의 혐의점 등이 있으니 범인 검거에 큰 무리가 없으리라 생각했다. 범인을 추려 지문이나 DNA를 대조하면 끝나는 게임이었다. 그러나 늘 그랬듯 내 마음 같지 않은 곳이 바로 필리핀이다. 이 살인사건 역시 10여 년이 지난 지금까지 미제 사건으로 남아 있다.

물론 세계 어느 나라든 경찰이라고 해서 모든 사건을 다 해결할 순 없을 것이다. 하지만 이 살인사건은 필리핀 경찰의 의지가 조금만 더 있었더라면, '절대 포기하지 않는 마음'이 조금이라도 있었다면 충분히 해결할 수 있었으리란 아쉬움이 든다.

그렇다면 대체 무엇이 문제일까? 필리핀에서는 어째서 외국인을 죽인 범죄자들이 잘 잡히지 않는 걸까? 사실 통계만 봐도 필리핀에서 발생하는 살인사건 수가 무지하게 많다. 우리나라에서 연간 600~700여 건의 살인사건이 발생한다면, 필리핀에서는 연간 5000~1만여 건이 발생한다. 경찰 입장으로 보면 1인당 맡아야 할 살인사건이 어마어마하게 많다는 의미다.

게다가 필리핀은 자국민 우선주의가 비교적 강한 국가라 외국인 관련 사건에 대한 집중도는 우리가 생각한 것보다 훨씬 낮다. 그래서 한국인 관련 사건도 나 같은 코리안데스크가 매일 필리핀 경찰을 찾아가 쪼아대야 그나마 수사가 진행될 정도다. 하지만 조직 전체가 꿈쩍하지 않는데, 일개 외국 경찰인 내가 움직이는 데는 한계가 있다. 그래서 나는 앞서 말했던 '미성년자 성매매 셋업사건'이나 '필리핀 사탕수수밭 한국인 총기 피살사건'처럼 한국인 사이에서 발생한 사건들은 한국에 사건을 접수하도록 하거나 국내 수사팀과 사건을 수사했다.

뜻밖에도 내가 코리안데스크 활동을 통해 새삼 깨달은 사실 중 하나는 바로 한국 경찰이 사건을 정말 열심히 수사한다는 것이었다. 누구보다 집요하고 치열하며 사건 하나하나에 진심이었다. 그 덕분에 필리핀에 있는 동안 내가 한국 경찰인 게 자랑스럽기도 했다. 국경 밖에서 마주한 대한민국은 강하고 단단했다.

범인이 경찰일 때

사실 '필리핀 사탕수수밭 한국인 총기 피살사건' 신고를 받고 일주일이 지난 시점에 앙헬레스 한인회에서 또 다른 사건 신고를 받았었다. 한국인 한 명이 집에 들어오지 않는다는 연락 두절 신고였다. 당시 나는 살인사건 수사 때문에 추가 증거들을 확보하랴, 범인을 추적하랴 몸이 열 개라도 모자랄 지경이었던 데다 신고 당시만 해도 납치사건 신고가 아니었기 때문에 나는 영사협력원인 신 사장에게 임장臨場(어떤 일이나 문제가 일어난 현장에 나가는 것)을 부탁했다.

한인회와 나는 그 사건이 단순 해프닝일 것이라고 생각했다. 그 신고가 초대형 사건으로 번지게 될 줄은 꿈에도 몰랐다. 그도 그럴 게 그런 신고는 평소에도 꽤 많이 접수되고 있었고, 하루쯤 기다리면 무슨 일이 있었냐는 듯 실종자가 돌아왔기 때문이다.

그래도 신고가 접수된 이상 그냥 넘겨버릴 순 없어서 필리핀 경찰에 실종 신고를 하기로 했다. 하지만 한국처럼 앙헬레스 CIDG에서도 실종자가 성인이기에 납치 같은 확실한 범죄가 의심되어야 실종 접수가 가능하다고 했다. 단순히 연락이 안 된다는 신고는 3일은 지나야 접수할 수 있었다.

하지만 하루 만에 이 사건은 납치사건으로 급물살을 탔다. 실종자의 가족이 이웃에게 누군가 실종자를 차에 강제로 태웠다는 말을 들었기 때문이다. 나는 마음이 조급해지기 시작했다. 별안간 한국인 세 명이 살해된 사건과 한국인 한 명이 납치된 사건을 동시에 맡게 되었다.

사실 살인사건보다 납치사건이 더 힘들다. 살인사건은 이미 '종결된 사안'에 대한 수사지만, 납치사건은 '계속 진행 중인 사안'이므로 작은 행동이나 말 한마디가 순식간에 결과를 뒤바꿀 수도 있다. 거기다가 몸값 협상이라도 할 때면 실종자 가족의 도움이 필수적이기에 그들을 관리해야 하는 등 신경 써야 할 것이 많다. 하지만 당시 나는 납치사건을 처리해 본 경험이 없었다. 아마 한국 경찰 중에도 납치사건을 처리해 본 경험이 있는 경찰관은 드물 것이다. 이동통신과 인터넷이 발달한 한국에서 납치사건은 이제 옛날 범죄다.

납치 피해자의 가족에게 납치 의심 정황을 듣고 나는 필리핀 경찰청의 AKG에 상황을 전달한 뒤 수사를 요청했다. 앙헬레스엔 AKG 지부가 따로 없었기에 멀리 떨어진 마닐라 AKG와 공조해야 한다는 어려움이 생겼다.

피해자 가족에게 그가 차에 실려 가는 모습이 담긴 CCTV 영상도 받았으나 아쉽게도 그 영상엔 범인을 특정할 만한 단서가 없었다. 당시 사탕수수밭 피살사건을 수사하기 위해 파견되었던 공동조사팀과 다른 지역의 코리안데스크도 이 납치사건에 일부 합류했다. 피해자 가족뿐 아니라 그들의 지인들까지 한 팀이 되어 납치범들이 사용한 차량의 이동경로를 추적했다. CCTV를 분석해 보니 차에 피해자를 태운 납치범들이 고속도로를 지나 마닐라로 향한 걸로 확인되었다. 나는 AKG에 이를 공유하고, 탐문수사에 나섰다.

이 사건은 다방면으로 가능성을 열어두어야 했다. 단순히 돈을 갈취하기 위한 납치일 수도 있고, 원한이나 특수한 목적 때문에 협박하기 위한 납치일 수도 있었다. 납치범들이 피해자를 그냥 풀어주는 경우가 아니라면 분명히 몸값을 협상하기 위해 가족에게 연락할 것이다. AKG는 마닐라에서 납치 차량의 소재를 파악했고, 나는 피해자 주변을 조사하며 납치 동기를 파헤쳤다. 그런데 조사를 하면 할수록 점점 이상함이 느껴졌다.

납치된 남성은 필리핀에서 해외 인력 송출 사업을 하던 사람으로, 외관상 그를 둘러싼 갈등이나 문제는 없어 보였다. 심지어 그는 아내와 자녀가 있는 화목한 가정을 꾸리고 있었다. 한마디로 생사람을 잡아간 느낌이었다.

현재 납치범들이 피해자의 걸로 추정되는 차량으로 도주하는 중이었기에 대도시인 마닐라에서라면 CCTV 등을 통한 추적이 더 수월할 걸로 생각했다. 우리나라였다면 납치범들의 차량을 금방 찾아낼 수도 있을 것 같은 상황이었다. 그래서 나는 AKG에서 뭔가 의미 있는 결과물을 빠르게 전달해 줄 것이라 기대했다. 하루하루가 지나며 가족들은 물론, 내 마음까지 타들어 가기만 했다.

그러던 어느 날, 피해자 가족에게서 전화가 왔다. 드디어 납치범들에게 연락이 온 것이다. 그들은 경찰에 알리지 말고 400만 페소(한화 약 1억 원 상당)를 가져오면 즉시 피해자를 풀어주겠다고 했다.

AKG에 알릴 건가, 납치범들의 말을 따를 건가. 가족과 나는 고민에 빠졌지만, 사실 그 상황에서 내가 그들에게 해줄 수 있는 말이라곤 필리핀 경찰과 함께 대응하자는 원칙적인 말밖에 없었다. 그도 그럴 게 납치사건은 작은 행동도 피해자의 생명과 직결되어 예측하지 못한 상황으로 이어진다. 결국 내 의견은 참고 의견일 뿐 결단을 내려야 하는 건 가족들이었다. 대응 방식에 정답이 있는 것도 아니다. 때로는 피해자 가족들이 경찰에 신고 없이 납치범과 알아서 합의해 피해자가 풀려날 때도 있기 때문이다. 피해자의 가족들은 결국 몸값을 전달하기로 했다. 하지만 돈을 주었음에도 피해자의 신병을 인계받지 못하는 최악의 상황으로 이어졌다.

이 상황을 전해 들은 나는 더 이상 필리핀 경찰에 함구하고 있을 수 없었다. 소식을 들은 AKG는 아쉬움을 토로했다. 하지만 이것도 몸값 전달 후 피해자가 풀려났으면 아무 말도 안 들어도 되었을 결과론적 이야기다. 무작정 가족들이 잘못했다고만 말할 순 없었다.

AKG는 안가(안전가옥의 줄임말. 보통 정부가 특정 목적을 위해 운영하는 위장 비밀 장소)에서 실시간으로 2차 몸값 협상에 대응하자고 제안했다. 가족들 역시 이를 수락했고, 나와 함께 마닐라에 있는 안가로 이동했다. 그러나 며칠이 지나도 납치범들에게 연락이 없었다.

'진짜 납치범들이 몸값을 요구했던 건 맞을까?'

아주 드물게 납치사건을 역으로 이용해 몸값을 받아내려 납치범으로 위장하는 사기 행각을 벌이는 경우가 있다. 나는 이 사건과 별개로 평소 피해자 가족들의 주변에 대한 뒷조사도 시작했다.

한편 AKG에서 수사에 진척을 보이기 시작했다. 피해자가 사는 빌리지로 들어온 납치 차량이 필리핀 현직 마약수사관 아내의 차란 게 확인되어 이 마약수사관을 추적하고 있다는 소식을 전했다. 또한 피해자 납치 후 마닐라의 한 현금인출기에서 피해자의 카드로 현금이 인출된 사실이 확인되어 CCTV 영상을 요청해 두었다고도 했다. 조만간 납치 차량의 소유자가 검거되고, CCTV에서도 범인의 얼굴이 확인되면 사건이 급속도로 해결되리란 희망이 보였다.

하지만 그 기대도 잠시, 시간은 또 속절없이 흘렀다. 여전히 납치범들에게는 연락이 없었고, 피해자의 생사도 확인되지 않으니 모두 속이 타들어 갔다. AKG에 수사 속도를 올려달라 재촉했지만, 기다려보란 말뿐이었다. 유력한 범인이 필리핀 경찰이기에 내가 개입할 수 있는 여지가 더 적었다.

안가에서 생활한 지 3일이 되었음에도 납치범들에게는 연락이 없었다. 차라리 납치범들이 돈을 달라고 열심히 협박하는 게 연락 두절보다 낫겠다 싶을 정도였다. 가족들의 심리도 오르락내리락했다. 결국 모두 안가에서 철수하고 제자리에서 납치범들의 연락을 기다리기로 했다.

앙헬레스로 돌아가는 길에 가족들은 내게 불안하니 자신들의 집에 같이 있어달라고 부탁했다. 그도 그럴 게 납치범들은 피해자의 집이 어딘지 아는 상태였다. 사건을 무마시키기 위해 피해자 가족에게 해코지하는 경우도 더러 있다는 것도 앙헬레스 교민이라면 누구나 아는 위협 가능성이었다.

AKG에서 피해자들을 경호해 주겠다고 했지만, 범인이 필리핀 경찰로 의심되는 상황에서 가족들은 그들을 믿지 못했다. 경호한다는 건 불상사가 생길 때 그에 대응할 책임도 있다는 것이다. 만약 누군가 그 집에 쳐들어오면 내가 총을 쏘아야 할 수도 있다. 물론 피해자 가족들에게 한국 경찰은 사람을 지키고 범인을 잡는 사람일 뿐 내가 외국에서 공권력을 가지지 못한다는 사실을 알 리 없었다.

많은 생각이 스쳐 지났지만, 마음이 무너져 내리고 있을 피해자 가족의 요청을 외면할 수 없었다. 나는 부담스러웠지만 알겠다고 했다. 며칠 만에 돌아간 집에서 다시 옷가지를 챙겨 나왔다. 서랍에 있던 총도 가지고 나왔다.

나는 피해자의 집 1층에서 잤다. 그때마다 머리맡엔 권총을 두고 누군가 실제로 침입을 시도할 경우를 생각하며 여러 시나리오를 머릿속에 그려보았다. 밖에서 들리는 귀뚜라미 울음소리와 사람들 소리가 귀에 거슬렸다. 위잉 하고 돌아가는 냉장고 소리, 바람이 나뭇가지를 흔드는 소리, 손가락만 한 도마뱀이 벽을 타고 돌아다니는 소리까지 아주 크게 들렸다. 불을 끄고 한두 시간이 지나도록 잠이 오지 않았다. 그래도 내가 힘든 만큼 피해자 가족들은 마음 편히 지낼 수 있다면 그걸로 되었다고 스스로 위로했다.

그렇게 권총을 만지작대다 잠에 드는 날도 3일 차가 되었다. 당시 나는 사탕수수밭 피살사건도 함께 수사하고 있었기 때문에 내게는 피살사건 관련 첩보도 계속 입수되고 있었다. 납치사건의 가족들만큼이나 피살사건의 가족들도 울고 있는 건 매한가지였다. 나는 그 어느 사건도 소홀히 할 수 없었다. 결국 피해자 가족과 협의하여 집에는 AKG의 여성 경찰관이 머물기로 했다.

납치사건이 발생한 지 두 달이 지났다. 여전히 납치 차량은 발견되지 않았고, 납치범들도 검거되지 않았다. 현금인출기 CCTV에서 한 사람이 찍힌 이후로 수사에도 더 이상 진척이 없었다. 무엇보다 납치범에게 연락이 오지 않아 아직도 피해자의 생사를 알 수 없었다. AKG는 이 사건을 공개수사로 전환했다. 내가 할 수 있는 일도 여전히 AKG에 신속한 수사를 촉구하는 것뿐이었다. 경찰관인데도 아무것도 할 수 없는 현실에 무력해졌다.

석 달이 지나서야 수사에 다시 슬슬 속도가 붙기 시작했고, AKG는 범인을 예닐곱 명으로 특정해 일부를 검거했다. 그리고 그들의 자백으로 모두를 충격에 빠뜨린 사건의 전말이 알려졌다.

그들에 따르면 피해자는 납치 당일에 이미 살해되었다. 여태껏 피해자의 생사를 걱정하던 가족에게는 하늘이 무너져 내리는 말이었다. 납치범들은 필리핀 경찰청 마약단속국 소속 경찰이었다. 그들은 피해자의 집 앞에서 그를 납치해 마닐라에 있는 필리핀 경찰청으로 갔다. 그리고 그날 납치 차량에서 피해자를 목 졸라 살해했다.

더 충격적이었던 건 그들이 범죄를 은폐하기 위해 화장터를 운영하는 사람과 공모해서 피해자를 제삼자로 위장해 불법으로 소각했다는 것이었다. 소각 후 남은 유골의 재는 화장실 변기에 넣고 물을 내려버렸다고 했다. 하지만 그들은 몸값을 요구한 적은 없다고 주장했다.

사건의 내막이 밝혀지자 한국과 필리핀 양국 모두 발칵 뒤집혔다. 필리핀에서도 공권력의 상징인 경찰이 경찰청 바로 근처에서 누군가를 살해한 사건은 전무후무했기에 급기야 필리핀 대통령까지 나서서 사과하는 상황까지 벌어졌다.

참고로 이 사건은 지금까지도 필리핀에서 재판이 진행 중이다. 2023년 6월에 1심 판결이 내려졌는데, 불행 중 다행으로 납치범 다섯 명 중 두 명에게 무기징역이 선고되었다. 나머지 세 명 중 한 명은 증거 부족으로 무죄, 한 명은 국가 증인(공범이 자백한 경우 국가가 그를 증인으로 채택해 형을 면해주는 제도)으로 채택되어 처벌을 면했고, 한 명은 사망했다.

그러나 사건의 핵심인 범행 동기는 아직도 밝혀지지 않았다. 필리핀 검찰이 항소해 재판은 진행 중이지만, 항간엔 마약수사관들이 첩보를 잘못 입수해 실수로 피해자를 검거했고 이 사실을 은폐하기 위해 그를 살해했다는 풍문도 들렸다.

이 납치사건은 코리안데스크 활동 기간 중 가장 무력감과 죄책감을 많이 안겼던 사건이었다. 범인이 필리핀 경찰인 상황에서 정보 접근은 제한되어 있지, 수사 환경은 열악하지, 빠르게 움직이기는커녕 때로는 보안을 이유로 아무 정보도 공유해 주지 않는 필리핀 경찰까지 수사권이 없는 코리안데스크의 한계가 너무 큰 무력감을 안겨주었다. 매일 AKG에 연락해 쪼아대도 기다리란 말만 앵무새처럼 반복하니 이 현실이 증오스러울 정도로 허탈하기도 했다.

사실 피해자 가족들에 비하면 내 심정은 애교 수준이다. 피해자의 생사를 알 수 없어 그들의 가슴이 매일 찢기고 메말라가는 모습이 그냥 봐도 보였다. 이따금 가족들은 내게 도대체 무엇을 하냐며 벌컥 화를 내다가도 다시 사과하는 등 불안정한 모습도 보였다. 나는 차마 밖으로 꺼내 보일 수 없는 마음 깊은 곳에 내 무력감과 죄책감 그리고 피해자 가족들의 거친 감정까지 고스란히 집어넣었다.

경찰이랍시고 그들에게 논리적으로 설명하려 해봤자 모두 핑계 같았다. 내 무력감은 어느 날은 죄책감이 되었다가 또 어느 날은 자괴감이 되었다. 피해자 가족에게 내가 큰 도움이 되지 못했다는 생각에 여전히 나는 그들의 얼굴을 볼 면목이 서지 않는다. 언젠가 사건의 내막이 모두 밝혀지고 피해자와 피해자 가족에게 마음의 평안이 찾아오기를 진심으로 기도한다.

이 사건 때문에 나는 경찰이 된 이후 처음으로 경찰관으로 사는 게 참 쉽지 않다는 생각이 들었다. 경찰로 맞서 싸워야 하는 적은 잔혹한 범행과 범인들만이 아니었다. 다양한 감정의 소용돌이에서도 버틸 수 있어야 했다. 아마 이 시기에 여러 대형 사건이 맞물려 있어 심신이 지쳐 더 그랬던 것일지도 모르겠다.

사람들이 지푸라기를 잡는 심정으로 의지하는 존재기에 나약한 모습을 함부로 표출하긴 어렵지만, 그래도 나 역시 한 사람의 인간인지라 사정없이 흔들릴 때면 나 하나 꼭 붙잡고 버티기가 힘들 때가 있다. 하지만 경찰관이라면 누구나 한 번은 겪어야 할 일이라고 생각한다면 때로 나만 그런 건 아니란 생각에 조금 위로가 된다.

정의는 우리에게서 시작한다

'필리핀 경찰 한국인 납치 살인사건'과 '포락 흉기 피살사건'을 동시에 수사하던 어느 날, 한인회에서 또 한 건의 신고를 받았다. 이번엔 한국인 관광객들이 필리핀 경찰에 셋업을 당했다는 신고였다. 사건은 이러했다.

한국인 관광객 세 명이 골프 여행으로 필리핀에 왔다. 숙소에 머물고 있는데 갑자기 필리핀 경찰관 일곱 명이 들이닥쳤다. 필리핀 경찰은 관광객들을 불법 온라인 도박장 운영 혐의로 체포했다. 여덟 시간의 구금 끝에 필리핀 경찰은 30만 페소(한화 약 700만 원)를 받고 그들을 풀어주었다. 전형적인 셋업사건이었다.

나도 모르게 작은 탄식이 흘러나왔다. 이 사건에 관여한 필리핀 경찰관들은 한국인들이 밀집된 지역의 관할 파출소 직원들로, 일부는 나와도 안면이 있었다. 그래서 배신감이 더 컸다. 그러다 문득 필리핀 경찰의 악랄한 행동들이 단 한 번도 처벌된 적이 없다는 사실이 떠올랐다. 어쩌면 이번엔 가능할지도 모른다는 생각에 마음속 정의의 불꽃이 다시 피어오르며 남은 한 줌의 의지까지 끌어올렸다. 몸이 딱 두 개만 더 있었으면 좋겠다는 생각이 들었다.

곰곰이 생각해 보니 과거 앙헬레스 CIDG에서도 몰래 한국인을 체포한 뒤 돈을 받고 풀어주었던 사례가 있었다. 심지어 앙헬레스 인근의 한 파출소에서 내가 유치장에 수감된 억울한 한국인을 분명 직접 보았음에도 다음 날 유치장 입감자가 없었다고 내게 궤변을 늘어놓았던 적도 있었다. 그간 필리핀 경찰의 크고 작은 장난질에 분노했지만, 번번이 피해자들이 고소를 취하해 실제 사건화로 이어진 게 없었다. 필리핀 경찰의 악행이 워낙 빈번했기 때문에 일상 속 작은 해프닝 정도로 가볍게 치부하고 넘기기도 했다.

하지만 지금은 달랐다. 한국인 납치살인사건 이후 교민 사회에서도 더 이상 이대로는 안 된다는 여론이 생겼다. 우리는 곧 악랄한 필리핀 경찰에 대응할 수 있는 효과적인 방법을 찾아냈다. 바로 필리핀의 '나폴콤NAPOLCOM'이라는 국가기구를 이용하는 것이었다.

나폴콤은 경찰을 감시하고 부패 경찰에 행정적 제재를 가하는 곳이다. 다시 말해 이곳의 주요 성과는 경찰을 견제하고, 그들의 비리를 잡아내는 것이다. 사실 그간 우리는 나폴콤의 실효성에 의문을 품고 있었다. 그러나 지금은 교민 사회에서도 척결 의지가 불타올랐고, 필리핀 정부에서도 경찰에 대한 자정의 목소리가 커지기 시작했다. 그러니 나폴콤

역시 전보다 기민하게 작동할 터였다. 나폴콤에서는 법적 절차가 아니라 행정적 절차가 이루어지기에 피해자들이 법정에 출석하지 않아도 징계를 내릴 수 있었다.

나중에 코리안데스크 후임이 오면 그가 바로 나폴콤을 이용하기엔 무리가 있을 것이다. 내가 있는 지금이 마지막 기회라고 생각한 나는 한인회의 도움을 받아 관광객들의 진술서를 확보하고 증거들을 수집하는 데 주력했다.

관광객들의 숙소가 있는 빌리지의 골목엔 CCTV가 설치되어 있었다. 서버 관리실에 들어가 USB를 꽂고 영상을 다운받았다. 그리 많지 않은 영상에도 성능 때문인지 예상 소요 시간이 48시간이라고 나왔다. 하지만 나는 의지의 한국인이다. 꾸역꾸역 받아온 CCTV 영상은 '잭팟'이었다.

영상엔 필리핀 경찰이 관광객들을 강제로 잡아둔 채 옆걸음으로 도망치려는 관광객에게 총을 겨누는 모습이 고스란히 담겨 있었다. 빼도 박도 못하는 결정적 증거를 찾았다. 이에 발맞춰 대한민국 대사관에서도 사건 당일 해당 파출소의 작전 기록과 사건 보고서 일체를 제출해 달란 공식 서한을 발송했다. 나는 모든 증거자료를 나폴콤에 전달했다.

시간이 흐른 뒤 국내 복귀를 며칠 앞둔 어느 날, 필리핀 경찰청장이 직접 앙헬레스를 방문한다는 소식이 들렸다. 파출소 경찰관들을 지방청으로 모두 소집한 경찰청장이 언론 앞에서 공개적으로 그들에게 망신을 주었다.

"모두 다 엎드려, 이 새끼들아! 돈 받아먹으려고 경찰 됐어?! 입고 있는 제복이 부끄러운 줄 알아!"

경찰관 중 한 명이 적법한 단속이었다고 항변하자 경찰청장은 그러면 왜 관광객을 때리고 돈도 받았냐며 더 크게 호통쳤다. 당시 필리핀 언론에서는 '필리핀 경찰 한국인 납치 살인사건'이 큰 이슈였고, 대통령까지 직접 언급하고 사과한 만큼 경찰청장의 입지 또한 위태로웠다. 그런 상황에서 또다시 한국인을 상대로 필리핀 경찰이 셋업 범죄를 저지르자 직접 행차한 것이다. 사실 경찰청장의 이런 행보는 약간 '쇼'에 가까웠겠지만 그래도 후련했다.

한 달 뒤 그들이 경찰직에서 파면되었다는 소식을 들었다. 필리핀 경찰에 잘못하면 옷을 벗을 수 있다는 무언의 경고장이 드디어 전달된 것이다. 앙헬레스 한인회와 대한민국 대사관, 교민들이 모두 힘을 모아 결사 항전한 성과다. 국내 한 언론사에도 이 일을 두고 재미있는 제목의 기사를 냈다.

필리핀 경찰청장, 한국인 상대 금품 갈취 경찰들에게 '공개 얼차려'

―아시아경제(2017.02.03.)

기사엔 기자들에 둘러싸인 필리핀 경찰청장이 경찰관들에게 팔굽혀펴기 등 얼차려와 면박을 준 내용이 고스란히 담겨 있었다. 이날 이후 앙헬레스를 비롯한 필리핀 전역에서 경찰에 의한 셋업사건의 비중이 눈에 띄게 줄었다. 보이지 않는 곳에서는 여전할지 모르겠지만 말이다.

이 사건을 마지막으로 필리핀 앙헬레스 코리안데스크 활동이 종료되었다. 앙헬레스에서 첫날을 보낸 허름한 호텔의 매캐한 담배 냄새와 덜컹거리던 문고리가 아직도 생생하다. 나에 대해 불신이 가득했던 앙헬레스 교민들은 이제는 같이 정의를 좇으며 사건을 수사하고, 불의와 만행에 함께 분노하는 사이가 되었다. 많은 지지와 응원을 보내주었지만 내가 그들의 기대를 100퍼센트 충족시켜 주었는가, 하면 그렇지 않았던 것 같아 아쉬움도 남았다.

한국으로 떠나기 전날 밤, 레네와 바비의 얼굴이 떠올랐다. 평소 건강했던 레네가 허무하게 떠난 뒤로 나는 적지 않은 슬픔을 견뎌야 했다. 레네는 내게 일상의 소중함과 언제든 죽음의 그림자가 드리울 수 있다는 사실을 가르쳐주었다.

바비는 2년간 나를 정말 들었다 놓았다 했던 사람이었다. 괴팍한 성격을 잘 받아낸 덕분에 주위에서는 내게 '바비의 남자'라는 별명까지 붙여주었다. 바비는 한국인 수배자를 석방하란 이민청장의 지시에도 끝까지 내 편이 되어주기도 했다. 하지만 그런 바비도 코로나19 팬데믹 때 바이러스에 감염되어 세상을 떠났다. 나는 가끔 바비가 그리울 때면 바비가 우정의 선물로 준 필리핀 전통 칼을 보곤 한다.

코리안데스크로 2년을 지내는 동안 정의란 무엇인가에 대한 해답도 조금은 찾은 것 같다. 필리핀에서 느낀 정의감은 그동안 한국에서 느끼던 정의감과 확연히 달랐다. 내가 이곳에서 겪었던 사건들을 한국에서 똑같이 겪는다면 그때도 이 정도 정의감이 불타올랐을까? 아닐 것 같다.

같은 인간들끼리 서로를 살해하고, 셋업사건에 휘말리게 하고, 돈 뜯어내기 좋은 '호구'로만 보는 현실이 서글프고 또 화가 났다. 여러 한계가 있을지언정 그 악순환을 내가 끊어내 보고 싶었다. 절대 포기하지 않는 마음이 없었다면 시작하지도 못했을 일들이었다. 이 시간 덕분에 나는 이제 정의가 나 그리고 우리에게서 시작한다는 걸 믿는다.

그런 점에서 보면 필리핀은 많은 것을 가르쳐준 선생님이었다. 단 한 명이라도 내가 있는 동안 희망을 보고 위로를 얻었다면 그것만으로도 2년간의 코리안데스크 생활이 내 경찰생활에서 가장 찬란한 때였다고 말할 수 있을 것 같다.

코리안데스크 | 사건일지 04 | 2016. 겨울 ~ 2021. 여름

남겨진 것들

Korean Desk. Lee | Date. 2016, Winter

#4-1	한국으로 돌아오다
#4-2	검거보다 더 중요한 것
#4-3	악은 성실하다

[#4-1]

한국으로 돌아오다

끝은 시작의 또 다른 이름

2017년 2월. 마지막으로 필리핀 경찰의 범행을 탈탈 털고(?) 2년 만에 한국 땅을 밟았다. 2월이라 그런지 아직 날씨가 싸늘했다. 그간 더운 나라에서 지내다 보니 유난히 더 추운 듯했다. 문득 덥긴 해도 1년 내내 온도가 일정한 필리핀이 살기엔 더 편한 것 같다는 생각도 들었다.

  산전수전 공중전을 겪고 서울의 거리를 걸으니 이전 같았으면 그냥 무심히 지나갔을 법한 평범한 장면들이 새삼 다르게 보였다. 참 안전한 나라에 살고 있구나, 하는 생각과 함께 이제 밥 먹을 때 누가 들어와서 위협하지는 않을까, 하고 걱정하지 않아도 된다고 생각하니 안도감이 들었다. 지난 2년이 마치 한여름 밤의 꿈처럼 느껴졌다. 하지만 이런 내 머리와 달리 내 몸은 이곳에 적응하는 데 꽤 시간이 걸렸다. 길을 걷다 누군가 외투 안쪽을 주섬주섬하며 다가올 때면 혹시나 총을 꺼내나 싶어 움찔 놀라 경계했다.

떠나기 전날까지도 나는 지독한 강력사건들에 붙잡혀 있느라 주변에 제대로 인사도 못 했다. 수사 중인 사건들 때문에 작별 인사와 함께 소주잔을 기울일 시간이 턱없이 부족했다. 필리핀 경찰의 셋업사건을 해결하고 얼마 되지 않아서 필리핀 경찰과 함께하는 자리가 불편하기도 했다.

다행히 앙헬레스 한인회와는 처음이자 마지막 술자리를 가졌다. 그동안 술을 잘 못 마신다는 핑계로 점심 회식만 했었다. 그래도 그곳의 유일한 한국 경찰인데, 술자리에 아무 때나 부를 수 있는 친근한 동생 이미지보다는 조금 무게감 있는 이미지로 듬직하고 안정감 있는 모습을 보이고 싶었기 때문이다. 그리고 그게 범죄예방 측면에서도 더 좋을 것 같았다. 한인회에서도 그런 내 의도를 눈치챈 건지 줄곧 술을 못 마신다던 사람이 꿀꺽꿀꺽 술잔을 받아 넘기는데도 별다른 말을 하지 않았다. 오히려 고마웠다.

앙헬레스 코리안데스크로 지내는 동안 치를 떨며 여기가

싫다고 생각하기도 했지만, 그래도 내 삶에 대한 의미와 행복이란 무엇인지 그리고 죽음을 어떻게 받아들여야 할지 처음으로 진지하게 생각해 보게 해준 곳이었다.

아무튼 우여곡절 끝에 나는 지금 한국이다. 앙헬레스 코리안데스크가 아닌 한국 경찰관, 이지훈은 경찰청 외사국(현재는 국제협력관)의 인터폴국제공조과에서 근무하게 되었다. 국내 유일 인터폴 국제공조 전담 부서다. 인터폴과 함께 195개 회원국과 국제수사공조를 한다.
"본청 근무는 엄청 힘든데, 괜찮겠냐?"
"그래도 위험한 상황 없지, 동료 있지, 이 정도면 괜찮다."
당시 외사국에 근무하던 동기의 말에 나는 이렇게 대답했다. 나는 그간의 경력을 인정받아 필리핀 국제공조를 담당하게 되었다. 전엔 코리안데스크로 직접 활동했다면 이제는 또 다른 코리안데스크들의 활동을 지원하는 업무를 맡게 된 것이다. 이러한 보직 변경은 내가 '그 사건'을 재개하기에도 훨씬 나았다. 바로 2015년 9월에 있었던 '박 사장 총기 피살사건' 말이다.

잠시 기억을 환기해 보자. 사건 당일 부동산업자였던 한국인 박 씨의 사무실에 킬러가 쳐들어와 미스터 박이 누구인지

묻고는 그가 대답하자 총기로 살해한 사건이다. 이 사건은 전형적인 청부살인사건으로 당시 필리핀 경찰 당국은 킬러로 추정되는 필리핀인을 검거해 배후자에 대한 추가 조사 없이 사건을 종결시켰다.

하지만 사건 발생 1년 후 내가 정보원에게 들은 내용은 달랐다. 박 사장 청부살인을 의뢰한 배후자는 그의 호텔에 돈을 투자했던 한국인으로, 박 사장에게 모욕적 언사를 듣고 그를 살해하기로 결심했다. 이후 그는 식당을 운영하던 한국인 교민에게 킬러를 구해 달라 요청했고, 교민이 자신이 구한 킬러에게 1억 원의 보상금을 제시하며 사건이 시작되었다. 해당 교민과 킬러 사이에 2000만 원의 착수금이 오간 정황도 포착되었다.

나는 한국으로 돌아오기 직전 필리핀에서 이 사건을 재개할 준비를 하느라 굉장히 분주한 며칠을 보냈다. 한국에서 수사를 재개했을 때 생길 변수들을 대비하기 위해서였다. 물론 이제 앙헬레스엔 코리안데스크 후임이 가겠지만 그에게도 적응 기간이 필요할 것이다. 아마 초장부터 이 사건을 수사하는 건 무리일 것이다. 그리고 내가 그랬듯 그도 '내 사건 같지 않은' 이질감을 느낄지 모른다.

그래서 나는 필리핀 현지 정보원들의 신변에 위협이 생길 경우를 대비해 앙헬레스의 최고 권력자인 '카지노왕'에게 도움을 받고자 했다. 수사를 재개해서 킬러가 정보원들에게 위협을 가하거나 실무적 절차가 꼬이면 필리핀식으로 필리핀인의 권력을 빌려 찍어 눌러야 할 수도 있겠다고 판단했기 때문이다. 물론 내가 카지노왕을 직접 만나 부탁한 건 아니다. 그와 실질적인 인연이 있는 한국인 두 명을 만나 추후 문제가 생길 때 꼭 도와달라고 신신당부 정도만 했다.

이렇듯 나는 필리핀을 떠났음에도 여전히 필리핀에 남겨진 것들을 완벽하게 떠나보내지 못한 상태였다. 엄밀히 말하면 오히려 당시 제대로 된 수사에 착수하지도 못했기에 앞으로 새로운 시작을 준비해야 하는 상황이었다.

[#4-2]

검거보다 더 중요한 것

사람 죽인 놈은 잡아야죠

한국에 돌아온 나는 틈틈이 '박 사장 총기 피살사건'을 함께 수사할 수사팀을 찾기 위해 동분서주했다. 가장 먼저 떠오른 사람은 '필리핀 사탕수수밭 한국인 총기 피살사건'을 끈기 있고 멋지게 해낸 서울경찰청 국제범죄수사대의 팀장이었다.

"이 경감님, 아무래도 안 되겠는데요……. 미안합니다."

일찍이 점찍어 두었던 그 팀장은 내 제안을 거절했다. 그는 유례없는 사건을 해결했음에도 팀의 종합 성과 점수를 달성하지 못해 자신의 팀이 성과 순위에서 밀려나게 되었다고 했다. 그에게는 시간과 노력을 들여 세 명이 죽은 살인사건

한 개를 해결하는 것보다 단순 절도사건 열 개를 나누어 처리하는 쪽이 더 나은 선택이었던 것이다.

게다가 이 사건은 총을 쏜 '진짜' 킬러를 검거하거나 그의 진술을 받지 않고 청부살인의 배후자만 처벌하려 하는 사건이었다. 대법원에서 이런 사건에 유죄 판결을 내린 선례도 없었다. 즉 몇 년을 죽어라 달려들어도 무죄 판결이 내려질 수도 있다는 말이다.

개인적으로는 아쉬웠지만 거절을 예상하기도 했고, 팀장으로서 팀원의 승진까지 고려해야 하는 그의 상황을 모르는 바도 아니라 충분히 이해되었다. 이후로 수사팀 찾기는 두 달이나 계속되었다. 새로운 업무에 적응하며 마음이 동하는 수사팀을 찾기란 생각보다 더 힘든 일이었다.

물론 국제범죄수사대에 수사를 지시하는 방식으로 사건을 재개할 수도 있었지만 나는 이 사건을 함께할 팀이 성과보다 정의감을 더 우선했으면 했다. 나조차도 누구도 시키지 않은 일을 굳이 내 시간 쪼개가며 하는 것이었기에 나와 같은 결의 마음으로 뛰어줄 동료들이 필요했다. 거기에 끈덕지게 수사를 잘하고, 필리핀에 대해서도 어느 정도 이해하고 있는 팀이라면 금상첨화였다. 하지만 그런 팀을 실제로 찾을 수 있을까 싶긴 했다.

국제공조를 담당한 지도 어느덧 3개월이 지났다. 동기의 말대로 본청에서의 업무는 쉽지 않았다. 각종 사건·사고 관련 보고서와 기획 보고서를 작성하고, 시·도청 성과를 점검하고, 무한 반복으로 적색수배서를 작성하는 일까지 업무에 끝이 보이지 않았다. 타 부서 업무에도 협조하고, 대외 기관들과도 협업하고, 국회 업무와 예산 업무에 대응하다 보면 나는 수사관이자 행정가이자 회계사이자 에디터이자 홍보대사가 되어야 했다.

그러던 중 서울경찰청에서 흥미로운 사건을 맡고 있는 한 국제범죄수사대를 발견했다. 그 팀은 내가 필리핀에 파견되기 전인 2014년, 앙헬레스에서 발생한 청부살인사건을 수사하고 있었는데, 기존에 사건을 맡았던 팀이 물갈이되며 새로운 사람들이 수사를 재개한 상태였다. 해당 사건 또한 '박 사장 총기 피살사건'처럼 앙헬레스에서 발생한 사건이었고, 킬러가 잡히지 않은 상태였다. 나는 그들이 이 사건을 어떻게 진행하고 있는지, 혹시 손 놓고 있는 건 아닌지 궁금해졌다.

그런데 우연하게도 그 수사대의 팀장이 나를 찾아왔다. 앙헬레스에 가서 사건을 조사하려던 그는 현지 사정을 잘 아는 내게 동행을 요청했다. 아무래도 내가 필리핀 국제공조 담당자고, 앙헬레스 코리안데스크 경력도 있어서 여러모로 도움이 되겠다고 판단한 듯했다. 나 역시 그 수사팀을 좀 더 파악할 수 있을 좋은 기회라고 생각했다. 나는 상사를 설득해 수사팀장과 앙헬레스로 떠났다(참고로 이 상사는 tvN 〈유 퀴즈 온 더 블럭〉에도 출연하고, SBS 〈그것이 알고 싶다〉에도 출연했던 전재홍 경정이다. 최장기 인터폴 계장이었던 그는 최근 책도 한 권 출간했다).

다시 찾은 앙헬레스는 여전히 긴장감이 가득했다. 좋지만은 않았던 과거의 기억들이 스멀스멀 올라왔다. 필리핀 때를 다 벗겨냈다고 생각한 건 내 착각인 듯했다. 수사팀장은 살인사건의 피해자가 사망한 호텔 앞 도로에 차를 세웠다. 팀장은 잠시 두리번대더니 인근 마트에서 소주 한 병을 사 와서 바닥에 소주를 뿌렸다.

"잘 가시라고 소주 한 병 드리는 거예요. 이 자리에서 피해자가 죽었거든요. 공짜 소주 마시고 사건 단서도 좀 달라고 말이죠. 하하."

그때 나는 이 수사팀장이 참 멋진 사람이라고 생각했다. 그가 바로 나와 함께 박 사장 총기 피살사건을 헤쳐나갈 사람이었다. 그날 저녁 모든 업무를 마친 우리는 함께 저녁을 먹었다. 나는 조심스레 말문을 열었다.

"이 팀장님, 저한테 2015년에 발생했던 총기 청부살인 미제 건이 하나 있는데요……"

말하면서도 괜히 조심스러웠다(맹세하는데, 절대 다른 말은 하지 않았다). 지금 맡고 있는 사건도 오리무중일 텐데, 새로운 사건을 들이민다는 게 어쩌면 실례가 될지도 모른다는 생각이 들었다. 하지만 본론을 꺼내기도 전에 수사팀장이 대답했다.

"같이 하시죠! 사람 죽인 놈은 잡아야 하지 않습니까!"

뭉클함과 감동이 몰려왔다. 사람 죽인 놈은 잡아야 한다니, 이 얼마나 원초적이고, 아름답고, 고귀하고, 멋진 말인가! 이 글을 쓰는 지금, 경찰 생활을 한 지 15년이 되었는데도 여전히 기억에 강하게 남아 있을 정도로 소름 돋고 가슴 뛰는 한마디다.

당연한 말 아니냐고 생각하겠지만, 경찰관에게는 쉽게 뱉기 어려운 말이기도 하다. 미제 살인사건은 해결이 쉽지 않아 그만큼 시간과 체력을 모두 쏟아부어야 했기 때문이다. 물론 승진을 위해 일부러 중요한 사건 같아 보이는 미제 사건을 맡기 위한 경쟁이 벌어지기도 하지만, 해결 가능성이 담보되지 않은 사건을 제안하는데 단박에 저렇게 말하는 건 절대 쉽지 않다.

나는 갑자기 눈시울이 붉어졌다. 팀장의 순수한 정의감에 존경심이 생기면서 그간 혼자 끙끙 앓으며 몰래 간직해 오던 진실에 대한 열망을 세상에 풀어놓을 수 있으리란 생각에 가슴이 뻥 뚫리는 것 같았다. 그렇게 우리의 밤은 사건 이야기로 깊어갔다(물론 한국에 돌아가 수사 재개 승인과 팀원들의 동의를 받아야 하긴 했지만).

"사실 제가 필리핀에서 가져온 미제 살인사건이 하나 있는데요……. 혹시 국제범죄수사대와 다시 진행해 봐도 되겠습니까?"

한국에 돌아온 나는 상사에게 조심스레 말했다. 상사는 큰 고민 없이 흔쾌히 허락해 주었다. 사실 내가 상사였다면 이미 다 끝난 사건을 무엇 때문에 들추냐며, 실패하면 시간도 날리고 성과도 없지 않냐고 말했을 것이다. 그만큼 누구도 이 사건을 다시 꺼내려 하지 않았기 때문에 오히려 다시 들춰 이슈를 만드는 것 자체가 도박이었다. 그래서 상사의 허락에 더 감사했다.

다행히 수사팀장 역시 소속팀 대장과 팀원들을 설득하는 데 성공했다. 드디어 수사 재개를 위한 수사팀이 공식적으로 꾸려졌다. 그렇게 우리는 진실의 무게를 나누어 가졌다.

가슴이 시키는 일을 좇는다는 것

"이 사건에서 핵심은 첫 번째로 송환, 두 번째로 타이밍, 세 번째로 대법원 판례입니다."

나는 1년 넘게 고민한 수사 방향과 앞으로 펼쳐질 어려움을 수사팀에 공유했다. 박 사장 총기 피살사건은 '한국인 남성 호텔 투자자(한국 거주) → 한국인 여성 식당 주인(필리핀 거주) → 식당 주인의 필리핀인 남자 친구 → 필리핀인 킬러 → 박 사장' 순으로 진행된 사건이다. 다시 말해 한국인 배후자 두 명이 각각 한국과 필리핀에 거주하고 있으니 그들이 미리 말을 맞추거나 증거를 인멸하지 않도록 '매우 적절한 타이밍'에 일망타진해야 한다.

한국에 사는 호텔 투자자는 검거 시기를 조정하는 게 수월했다. 하지만 필리핀에 사는 식당 주인이 문제였다. 국제범죄자는 국내 송환 자체가 지연되는 경우가 많아 검거해도 송환되는 데 수년이 걸릴 수 있다. 그러면 국내 배후자의 신병 확보 타이밍과 안 맞아 검거를 망칠 수도 있었다.

사실 이 부분은 수사팀이 해결하긴 어려운 부분이었다. 그래서 필리핀에 사는 배후자를 검거한 즉시 국내에 송환해 달라고 하는 게 내 과제였다. 이게 해결되면 국내에 있는 배후자도 동시에 검거할 수 있다. 그때부터 국내 배후자의 동선을 파악해 검거하는 일은 수사팀에서 전담한다. 하지만 이렇게 수사 방향이 정리되어도 마지막 산이 남아 있다. 이게 가장 중요하고도 어려운 산인데, 바로 대법원 판례가 없다는 것이었다.

판례의 존재는 판결에 아주 중요하다. 기존에 내린 판결의 논리는 보통 유사 사건에 그대로 적용된다. 하지만 앞서 말했듯 킬러의 진술 없이 살인교사범을 처벌한 판례가 없었다(참고로 살인교사범은 살인죄와 동일한 형량으로 다룬다. 그만큼 살인범과 비견될 정도의 확신과 증거가 필요하다). 한국 사건 중에서도 판례가 없는데, 외국 사건이라고 있을까. 이 청부살인사건을 가장 고난도 사건이라 평가하는 이유다.

그래도 다행인 건 현재 내가 꾸린 수사팀에서 이와 유사한 청부살인사건을 수사 중이었고, 그 사건의 판결을 기다리고 있다는 점이었다. 우리는 피살사건의 수사를 보강하며 해당 사건의 판결을 기다리기로 했다. 만약 킬러 검거나 진술 없이 살인교사범을 처벌할 수 없다는 판결이 나오면 우리 사건 역시 물거품이 될 가능성이 높았다.

우리는 최대한 정황증거를 많이 확보하기 위해 기초 수사부터 착실히 다져나가기로 했다. 수사팀과 함께 세 번이나 앙헬레스에 가서 살해 장소는 물론, 환전상과 장부, 식당 주인이 운영하는 식당 주변의 동향, 사건 당일 킬러 무리가 해당 식당에 찾아간 사실 등 확보할 수 있는 모든 진술과 증거를 모았다.

국내에서는 호텔 투자자의 동선을 계속해서 감시하며 그의 계좌를 추적해 2000만 원의 착수금이 필리핀 환전상에게 입금된 걸 확인했다. 그리고 그 시점이 박 사장이 사망했던 날이란 사실도 확인했다. 5개월간 어느 정도 정황증거들이 모이자 우리는 우선 체포영장 발부를 신청하기로 했다.

"이거 사형까지 받을 수 있는 사건이긴 한데, 총 쏜 놈 진술 없이 살인교사죄 혐의가 입증되겠어요?"

담당 검사는 배후자들에 대한 체포영장을 신청한 우리에게 핀잔을 주며 말했다. 수사팀장이 직접 검사를 찾아가 여러 차례 설득했으나 그는 계속 부정적이었다. 수사팀장은 굴하지 않고 몇 번이고 자료를 보강해 검사를 찾아갔고, 결국 우여곡절 끝에 체포영장이 발부되었다.

검사는 여전히 자신 없어 했지만, 어찌 되었든 시작이 좋았다. 다만 체포영장은 신병 확보가 필요하다는 의미일 뿐 발부가 곧 유죄를 의미하는 건 아니었다. 우리의 진짜 목표는 그들의 검거가 아닌 유죄 선고다.

한편 나는 식당 주인을 검거하는 즉시 국내로 송환하기 위해 필리핀 이민청의 바비와 긴밀한 논의를 이어갔다. 사실 검거를 완료해야 그 이후부터 추방 집행에 대한 검토가 이루어진다. 하지만 그 과정은 짧아도 한 달은 족히 걸리는 과정이었다. 그래서 나는 배후자를 검거하기 전에 미리 추방 집행을 결정해 달라고 바비에게 앞으로의 계획을 공유하며 사정했다. 하지만 검거 즉시 한국 송환을 요청하는 건 바비에게도 어려운 일이었다. 나는 한국과 필리핀을 오가며 바비가 좋아하던 순대와 곱창전골을 열심히 사주었다.

그렇게 우리는 각자 잘할 수 있는 영역에서 조금씩 진전을 보였고, 2017년도 그렇게 끝나갔다. 참고로 이때는 내가 앙헬레스 교민 신문사 사장을 체포해 자진 귀국시킬 때 이용했던 한국판 콘에어 작전에 성공했을 때다. 6개월간 준비했던 엄청난 프로젝트였는데, 동료들이 함께 도와준 덕분에 한국 경찰 최초로 작전을 성공시킬 수 있었다.

해를 넘기며 박 사장 총기 피살사건이 발생한 지 3년이 되었다. 그사이 내 업무는 필리핀에서 미주 지역 국제공조 담당으로 바뀌었다. 더 이상 필리핀을 담당하지 않게 되면서 나는 더 시간을 쪼개야 했다. 상황이 이렇게 되자 나도 어쩔 수 없는 사람인지라 굳이 내가 왜 이 사건을 붙잡고 있어야 하는지 의문이 피어나기 시작했다. 솔직히 나만 입 다물고 있으면 종결된 사건이었다. 하지만 이미 머리가 아닌 가슴이 시키는 일이 된 지 오래였다.

"이 경감님! 징역 24년 형 나왔어요!"

오랜 수사로 심신이 지쳐갈 때쯤 수사팀장이 전화기 너머 흥분한 목소리로 말했다. 국제범죄수사대에서 기존에 맡고 있던 청부살인사건의 판결이 나온 것이다. 법원에서는 킬러가 검거되지 않아도 정황증거가 충분히 인정된다면 살인교사범을 처벌할 수 있다는 선례를 최초로 남겨주었다.

1년 넘게 기다리던 희소식에 우리 사건 역시 배후자들을 처벌할 수 있으리란 희망이 생겼다. 이제 본격적인 행동을 취할 때다. 나는 그간 미루어 온 인터폴 적색수배서를 발부받고 바비와 논의(?)를 재개했다. 순대와 곱창전골은 물론, 필리핀 출장 때마다 그를 만났고, 한국에서 국제회의가 개최될 때마다 초청해 한국 여행을 시켜주며, 노량진에서 신선한 회도 대접했다(물론 이런 논의 이면엔 나와 바비가 필리핀에서 쌓았던 우정이 깔려 있다).

이제는 바비가 논의에 대답할 차례였다. 바비는 나름 '긍정적인' 답변을 했다. 확답까지는 아니지만 아무튼 긍정적이었다. 수사에도 속도가 붙었다. 수사팀은 국내외를 오가는 호텔 투자자의 소재를 실시간으로 확인했고, 후임 앙헬레스 코리안데스크는 필리핀 내 식당 주인의 소재를 확인했다. 주 필리핀 대한민국 대사관의 경찰 영사 역시 식당 주인의 즉각적인 국내 송환을 위해 물밑 교섭을 진행했다. 하지만 순탄하기만 했던 수사에 제동이 걸렸다. 식당 주인이 갑자기 코리아타운의 식당을 처분하고 사라진 것이다.

여성은 집도 이사했고, 누구와도 연락하지 않았다. 혹시 어디선가 수사 재개 소식을 들은 걸까? 하지만 이상했다. 우리는 그동안 쓸데없는 의심을 피하고자 식당 인근은 물론, 그 사람에 대한 어떤 흔적도 남기지 않았기 때문이다. 10년 넘게 식당을 운영했던 사람이 갑자기 가게를 처분하고, 이사를 가고, 연락이 두절된 것 모두 의아했다. 알 수 없는 이유로 사라진 배후자를 두고 나와 앙헬레스 코리안데스크는 각자의 첩보망을 돌려 소재를 찾기 시작했다. 아무리 첩보망을 돌려도 소재가 파악되지 않았다. 불길한 생각도 들었다. 혹시 이 여성이 살해당한 건 아닐까, 하는 추측이 맴돌았다.

그도 그럴 게 이 여성이란 연결 고리만 제거하면 킬러 입장에서는 완벽하게 꼬리를 끊을 수 있었다. 하지만 굳이 지금? 기껏 법원 판례를 기다렸는데 본격적으로 검거하려니 이런 일이 생기나, 하고 한숨이 절로 나왔다.

수사를 재개한 지는 2년, 사건이 발생한 지는 4년째가 되던 해였다. 어느새 2019년도 절반이 지났을 무렵 식당 주인의 행방이 여전히 오리무중인 가운데 또 다른 소식이 날아들었다. 그간 내가 바비에게 끈질기게 요청하던 추방 집행 결정서가 발부되었다는 소식이었다. 범인이 검거되기도 전에 필리핀 추방 결정이 먼저 떨어진 것이다. 그 덕분에 배후자 검거 즉시 한국으로 송환할 수 있게 되었다.

이례적인 일이라 이렇게 승인이 난 것도 최초였다. 바비를 극진히 모신(?) 노력이 헛되지 않았음을 느끼며 바비에게 감사 인사를 전했다. 연말쯤엔 앙헬레스 코리안데스크도 기쁜 소식을 전했다. 식당 주인이 최근 앙헬레스 인근의 어느 식당에서 목격되었다는 것이다. 꺼져 있던 수사 활기가 다시 타오르기 시작했다.

수사팀은 다시 한국에 있는 호텔 투자자의 동선을 실시간으로 확인했다. 나 역시 바비와 필리핀에 있는 식당 주인을 검거한 직후 송환하는 걸 논의했다. 검거하게 되면 바로 비행기에 태워달라고 말이다. '애증의 바비'답게 100번 말해야 한 번 움직일까 말까여서 나는 미리 그에게 졸라댔다.

이제 남은 건 코리안데스크가 식당 주인의 소재를 확인하기를 기다리는 것뿐이었다. 경험상 필리핀에서 누군가를 추적하고, 미행하고, 검거한다는 건 말이 쉽지, 여간 어려운 일이 아니다. 그 사실을 누구보다 잘 알기에 나는 코리안데스크를 믿고 기다리기로 했다.

"오늘 그 여성이 ○○식당에 온다는 첩보가 들어왔어요. 확인 후 집까지 미행하겠습니다."

사건 발생 5년째로 접어들던 2020년, 드디어 코리안데스크에게 연락이 왔다. 나른하던 오후, 정신이 번쩍 들게 하는 소식이었다. 이제부터는 속전속결로 가야 한다. 우리는 코리안데스크의 연락을 기다렸다.

"식당 주인의 집 확인했습니다!"

드디어 수개월간 잠적했던 또 다른 배후자의 집 위치까지 확인했다. 남은 건 검거뿐. 검거 시기가 수월하게 조율되는가 싶던 것도 잠시, 검거 시기에 대한 별다른 응답이 없었다. 나는 바비에게 연락해 시답지 않은 농담으로 그를 달랬다.

"바비, 내가 잘 좀 도와달라고 계속 말했잖아. 이번에 식당 주인 검거하면 같이 비행기 타고 한국 와! 내가 곱창전골 사줄게."

"……알겠어. 내일모레 검거할게."

바비가 드디어 검거 시기를 알려주었다. 일정이 잡히자 우리는 분주해졌다. 하필 바비가 말한 검거일이 한국의 설과

겹친 것이다. 게다가 그해 설은 연휴가 4일이나 이어지는 '황금연휴'였다. 그러나 지난 5년간의 기다림을 생각하면 지금 우리에게 연휴가 중요한 게 아니었다. 나는 필리핀에 있는 배후자를 검거하기 위해 수사팀 파견 계획서를 작성했고, 수사팀 역시 명절 연휴에 잡힌 필리핀 출장을 흔쾌히 승낙했다. 나도 수사팀과 함께 필리핀에 가고 싶었지만, 혹시 모를 돌발 상황을 대비하기 위해 한국에 남아 사건 진행 경과를 살피기로 했다.

그렇게 필리핀으로 날아간 수사팀은 바비, 앙헬레스 코리안데스크와 공조해 현장에서 식당 주인을 검거하는 데 성공했다. 하지만 국내 송환이 되지 않으면 말짱 도루묵이다. 공식적인 검거는 여성이 한국 땅에 넘어와야 이루어지고, 남성의 검거도 그때 이루어져야 한다. 나와 함께 한국에 남아 있던 일부 수사팀이 실시간으로 호텔 투자자 추적에 나섰다. 신호가 오면 바로 그 남성을 검거할 준비를 했다.

나는 주필리핀 대한민국 대사관과 필리핀 이민청에 다시 바쁘게 전화를 돌렸다. 이미 추방 집행이 내려졌지만, 날짜가 정해진 건 아니라서 실제 비행기에 태우는 일은 또 별개 문제였다. 그간 귀가 닳도록 말해서인지 놀랍게도 검거 다음 날 바로 국내 송환이 결정되었다. 식당 주인이 뭔가 따로 조치할 틈을 주지 않은 게 신의 한 수였다. 우리는 식당 주인이 한국행 비행기에 탑승하자마자 묵혀두었던 체포영장을 꺼내 당당히 집행했다. 국적기 안은 한국 영토로 간주되기 때문에 한국 경찰이 공권력을 행사할 수 있다.

"○○○ 씨, 당신을 2015년 박 씨 청부살인사건 살인교사범으로 체포합니다. 변호사를 선임할 수 있고, 변명의 기회가 있으며……"

수사팀장이 미란다원칙을 읊자 여성은 흠칫 놀라다 아무 말 없이 고개를 푹 떨구었다고 한다. 내가 이 장면을 현장에서 직접 보지 못한 게 너무나도 아쉽다.

식당 주인이 탄 비행기가 이륙한 뒤 국내에서도 호텔 투자자를 검거하는 데 성공했다. 그간 머릿속으로만 상상해 온 일들이 실현되는 순간이었다. 우리는 필리핀에서 발생한 청부살인사건 최초로 배후자들을 모두 검거했다. 2015년 9월에 발생한 피살사건의 배후자들은 거의 5년이 지난 2020년 1월이 되어서야 검거되었다.

'언젠가 반드시 잡고 말리라'는 내 다짐과 '사람 죽인 놈은 잡아야 한다'는 수사팀장의 의지가 합쳐진 의미 있는 성과였다. 아니 사실 성과라고 말하기도 그렇다. 처음부터 성과를 고려하고 시작한 수사가 아니었으니. 그리고 '성과'라는 단어로 우리의 불같던 의지와 순수했던 정의감을 희석시키고 싶지 않기도 하고 말이다.

자, 여기서 '이렇게 사건은 막을 내렸다'……고 말할 수 있었다면 얼마나 좋을까. 아직 우리에게는 마지막 산, 재판이 남아 있었다. 기존 판례가 생겼다고 해서 이 사건까지 자동으로 유죄가 되는 건 아니다. 킬러의 진술 없이 살인교사범을 처벌할 가능성이 생긴 것일 뿐 개별 사건마다 확보한 정황증거의 정도가 다르므로 우리 사건 역시 자칫 잘못하면 무죄를 선고받을 수도 있었다.

반드시 이긴다, 이길 때까지 하니까

예상대로 검거된 두 배후자는 자신들의 혐의를 전면 부인했다. 그들은 화려한 변호인단을 꾸려 '킬러가 특정되지 않은 상황이므로 살인교사의 인과관계가 인정될 수 없다'고 주장했다. 심지어 그들이 실제로 살해 교사를 했더라도 관련 없는 다른 사람이 박 사장을 죽였을 가능성이 있으니 살인교사죄가 성립되지 않는다며 '살인예비음모죄'로 형량을 낮추려고까지 시도했다.

1심 판결은 검거 후 6개월이 지나서야 나왔다. 그간 얼마나 떨리는 마음으로 결과를 기다렸는지 모른다. 법이란 것도 결국 사람이 만든 것이라 범인들이 법망을 교묘하게 빠져나가는 일이 생길 때가 있다. 수사팀과 나는 각자 자신이 믿는 신에게 기도했다. 더도 말고, 덜도 말고 딱 인과응보만큼만 바랐다.

신들이 우리의 기도를 들어준 걸까. 배후자들에게 각각 징역 22년 형과 19년 형이 선고되었다. 심지어 판사는 이례적으로 검사가 구형한 형량보다 더 높은 형을 선고했다. 판사의 심증이 유죄 쪽으로 매우 굳어진 결과라고 봐도 무방했다. 정의로운 판사를 만나 다행이란 생각이 들었다.

하지만 감격스러운 마음도 잠시, 그들은 결과에 불복해 항소했다. 우리나라는 삼심제도니 이 사건이 대법원까지 가게 될 수도 있다. 우리는 그저 차분히 우리의 할 일을 하며 기다리기로 했다.

그렇게 시간이 흘러 2021년이 되었다. 벚꽃이 눈과 코를 쉴 새 없이 간지럽히던 따스한 봄날이었다. 필리핀에서 돌아온 지도 어느덧 4년이나 지났기에 코리안데스크 때 일들이 가물가물해질 무렵이었다. 하지만 그 평범한 아침을 뚫고 사무실에 등기 우편이 날아왔다. 증인 소환장이었다.

결국 올 게 왔다. 언젠가 재판 중 한 번은 내가 불려갈 수도 있겠다 예상했는데, 2심에서 배후자 쪽 변호인단이 드디어 나를 증인으로 채택한 것이다. 그들이 불렀다는 건 아마도 재판에서 나를 압박해 판사의 마음을 바꾸어보려는 시도일 것이다.

나는 다시 긴장을 머금었다. 자칫 내 진술로 판사가 고개를 갸웃할 여지를 주게 된다면 판결이 순식간에 달라질 수도 있었다. 나는 어디서부터 어디까지 진술할지 수사팀과 긴급 논의에 들어갔다. 혀가 길어지면 말꼬리가 잡히는 법이다. 우리는 사실 위주로 간단하게 답변하기로 했다. 필요한 경우가 아니면 '예/아니요' 또는 '모른다'로 정리하기로 했다. 이미 필요한 자료나 증거물은 모두 제출되어 있었고, 1심에서도 유죄가 선고된 상황이니 우리에게 유리하다. 내가 굳이 나서서 판사를 설득할 필요는 없다. 그저 판사에게 의심만 사지 않으면 된다.

법정에 들어가 증인 선서를 하고, 앞쪽 가운데에 있는 증인석에 홀로 앉았다. 검사석과 피고인석에 둘러싸이니 더 긴장되었다. 피고인석에 죄수복을 입은 두 배후자가 보였다. 변호인단은 무차별적으로 질문을 퍼부었고, 앙헬레스 코리안데스크로 활동하며 작성했던 사건 보고서들이 스크린에 띄워졌다. 당황스러웠다. 필리핀에서 쓴 보고서가 이 재판에 등장하리라곤 상상도 하지 못했다. 게다가 그때 썼던 보고서가 워낙 많아 당장 기억이 안 나는 것도 많았다.

변호인단이 한 문장 한 문장 읽으며 왜 이렇게 썼냐고 질문했다. 겨드랑이에서 땀이 솟구쳤다. 그들은 당시 중국인과 한국 조폭 등 내가 사건에 관여한 걸로 의심했던 사람들에 대해 쓴 내용을 특히 추궁하며 다른 배후자가 있는 게 아니냐고 강하게 나왔다.

등에서도 땀이 줄줄 나기 시작했지만 애써 담담하게 당시 떠돌던 풍문을 적은 것이라 대답했다. 변호인단은 답변에 꼬투리를 잡으려는 듯 추가 질문을 하려 했지만, 계속되는 단답에 답답했는지 탄식과 함께 말을 삼켰다. 변호인단의 질문 공세는 무려 한 시간 반이나 이어졌고, 묵묵히 듣고만 있던 판사가 입을 열었다.

"증인은 왜 이 두 사람이 범인이라고 생각하시죠?"

핵심을 찌르는 질문이었다. 1~2초 찰나의 시간에 수백 가지 답변이 내 머릿속을 오갔다. 과연 판사는 무슨 말을 듣고 싶은 걸까. 판사도 사건 자료나 증거물 관련해서는 모두 알고 있기 때문에 그 부분을 재차 질문한 건 아닐 것이다. 나는 판사가 '내게 마지막 확증을 주십시오'라고 말하고 싶은 건 아닐까 싶었다. 그러자 머릿속에 한 생각이 번뜩 떠올랐다. 나는 침을 한 번 삼키고 말했다.

"판사님, 만약 저 둘이 범인이 아니라면 지금까지 저렇게 평온하게 진술하며 태연히 있진 못할 겁니다. 전 저 사람들이 범인이 확실하다고 생각합니다."

이 사건은 무려 '총잡이 킬러'를 고용한 청부살인사건이다. 나는 평범한 인간으로서 상식적인 말을 전해야겠다고 생각했다. 만약 두 배후자가 정말 억울한 누명을 썼다면 검거 직후부터 거품을 물고 길길이 날뛰며 아니라고 주장했을 것이다. 하지만 그들은 그런 적이 없었다는 사실을 알리고 싶었다. 똑똑한 판사라면 내 의도를 알아줄 것 같았다.

판사는 잠시 눈썹을 치켜올리더니 안경을 고쳐 쓰고 아무 말 없이 나를 2~3초 바라보았다. 그리고 추가 질문 없이 재판을 종료했다. 미심쩍었다면 추가 질문을 했을 텐데, 판사가 내게 한 질문은 딱 그 질문 하나였기에 다행이다 싶었다.

2심도 1심의 유죄 판결을 그대로 유지한다는 판결이 내려졌다. 적어도 내가 판을 망치지는 않았다는 생각에 안도했다. 하지만 배후자들이 상고해서 사건은 결국 대법원까지 넘어가게 되었다. 그래도 이제 정말 마지막이다.

두 달 후 대법원에서도 그들의 징역형이 확정되었다. 각각 22년 형과 19년 형이다. 더 이상의 재판은 없으니 최종 확정이다. 2015년의 '박 사장 총기 피살사건'은 6년여가 지나서야 진짜로 막을 내렸다. 소식을 들은 모두가 기뻐했지만, 내 마음 한편은 아려왔다.

형이 확정된 날 올려다본 하늘은 마치 박 사장이 내게 고맙다는 인사를 보내는 듯 맑았다. 내 가족의 한을 풀어준 듯한 기분도 들고, 인생에서 나 자신이 가장 자랑스럽게 느껴지기도 했다. 내가 끈질기게 수사를 잘했기에 사건이 해결되었다는 자랑이 절대 아니다. 외면과 회피, 도망의 유혹을 이겨내고 내 마음의 소리를 따라 사건을 세상 밖에 다시 꺼낼 용기가 있었다는 게 자랑스러웠다.

이 사건이 해결될 수 있었던 진짜 이유는 나와 수사팀뿐만 아니라 후임 코리안데스크, 경찰 영사, 주필리핀 대한민국 대사관, 한국 경찰청, 앙헬레스 한인회와 교민들, 필리핀 경찰청과 이민청 등 많은 사람의 범죄 척결 노력이 더해졌기 때문이다. 그 모든 게 시너지 효과를 내면서 영원히 잡히지 않을 것만 같았던 청부살인사건의 진짜 범인들을 최초로 검거해 처벌했다. 이날 이후 내가 아는 한 앙헬레스에서는 더 이상 한국인의 청부살인사건이 발생하지 않았다.

[#4-3]
악은 성실하다

악을 없애기 위해 악을 쫓는 사람

생각해 보면 코리안데스크의 마지막은 필리핀 땅을 떠나 한국 땅을 밟던 2017년이 아니었다. '박 사장 총기 피살사건'이 마무리된 2021년이 코리안데스크 활동을 종료한 해라고 말할 수 있을 것 같다. 그렇다. 나는 장장 7년에 이르는 시간을 필리핀에 묶여 있었던 것이다. 그중에서도 6년에 걸친 오랜 시간 나는 끈질기게 박 사장을 죽인 악의 근원을 찾기 위해 사건을 물고 늘어졌다. 그 과정에서 이 책에서 미처 다 말하지 못한 수많은 사람의 도움을 받았다. 그 도움이 없었다면 절대 해결하지 못했을 사건이었다.

박 사장 총기 피살사건이 마무리되며 나는 이게 앙헬레스에서의 청부살인 소멸의 신호탄이 되기를 바랐다. 처음부터 악의 고리를 내 손으로 끊어내고 싶다는 생각이 가득했으니 말이다. 하지만 경찰 사이엔 '범죄 총량의 법칙'이라는 말이 있다. 시대가 바뀌어도 범죄 양상이 변할 뿐 사건의 양이 줄어들지는 않는다는 말이다.

그 말대로 범인을 잡아도 악은 나를 놀리듯 모습을 바꾸며 계속 나타나는 것만 같다. 그렇다면 '범죄'를 무엇이라고 말해야 할까. 법이 정한 걸 어길 때만이 범죄인가? 법의 사각지대를 노린 악행은 범죄가 아닌가? 여기서는 범죄인 걸 범죄가 아닌 곳에서 저지르면 괜찮은가? 예를 들어 필리핀을 비롯한 많은 국가에서는 카지노에서의 도박이 합법이지만, 우리나라에서는 아직 불법이다. 이런 경우에 도박범을 잡는다고 해서 정의가 실현되는 건지 가끔 나는 혼란스럽다. 범죄란 무엇이고, 또 정의란 무엇인가?

잠깐 언급했지만, 내가 경찰의 꿈을 키운 건 중학생 때부터였다. 흔히 그 나이대의 남학생들이 그렇듯 나도 영화나 드라마에서 밤을 돌아다니며 나쁜 사람을 잡는 경찰이 멋있어 보였다. 제대로 알았더라면 다른 직업을 가졌으려나? 막연한 꿈이 구체적인 현실이 된 순간 어느새 나는 경찰 준비생이 되어 있었다. 하지만 막상 경찰관이 되고 나니 중학생 때의 꿈과 열정, 패기는 모두 어디론가 날아가 버렸다.

사명감이니, 정의감이니 모두 다 좋은 말이지만, 현실을 마주하다 보면 마치 철없던 학생일 때나 쓰던 말들처럼 느껴질 때가 있다. 그럴 때면 그것들이 이 시대에 여전히 유효한 게 맞나, 하는 의문도 든다. 이렇게 어느 순간 꿈 없는 경찰관으로 지내던 내게 필리핀은 위험한 곳이면서도 한편으로는 잊고 지냈던 많은 걸 일깨워준 곳이기도 했다. 특히 필리핀의 독특한 법체계를 경험하며 많이 바뀌었다.

동서고금을 막론하고 그 어떤 걸로도 용서받지 못할 죄를 꼽으라면 단연 살인죄가 아닐까. 필리핀에서 마주한 살인사건들은 그간 내가 경험했던 사건들보다 훨씬 극단적이고, 훨씬 비겁했다. '총' 앞에서 살인은 무게가 훨씬 가벼워졌고, 그만큼 '킬러' 뒤에서 누구나 살인을 청부하고, 누구나 불시에 죽을 수 있었다. 그래서 이 악의 가면을 쓴 사람들, 즉 악의 근원을 색출하는 일이 무엇보다 중요하다는 걸 깨달았다.

우리도 한때 '눈에는 눈, 이에는 이'로 살인범들을 사형으로 처벌하기도 했지만 그때뿐이다. 악은 또 다른 악인의 모습으로 다시 등장할 것이다. 원한, 치정, 돈 등 저마다 이유는 다르겠지만, 과거부터 꾸준히 존재해 왔던 악인들이 현재에도 그리고 미래에도 사라지지는 않을 것이다.

그렇다. 범죄자들은 사라지지 않는다. 아니 그 어떤 악도 사라지지 않는다. 하지만 그들이 사라지고 싶을 때 사라지게 놓아두어서는 안 된다. 나는 경찰로서 그들이 악을 행하고 한순간에 연기처럼 사라지지 않도록 필사적으로 쫓을 것이며, 내 안에서 피어오르는 정의감과 사명감을 앞으로 절대 꺼뜨리지 않을 것이다. 그 무엇도 보통의 평범한 삶을 망치게 두지 않는다. 수사팀장의 말처럼 사람 죽인 놈은 잡아야 한다. 그들이 진정한 의미에서 사라지도록 나는 끝까지 악을 쫓을 것이다.

[에필로그]

삶이란 유한하기에

지금까지 앙헬레스 코리안데스크의 사건일지를 함께해 주셔서 감사하다. 필리핀에서 돌아온 뒤 줄곧 생각만 해오던 책 집필을 모두 끝마치니 속이 후련하다. 점점 가물가물해지는 필리핀에서의 기억을 잡고 있기 위해 더 이상 노력하지 않아도 되니 좋다. 잊을 만하면 주변에서 코리안데스크 생활이 어땠냐고 물어서 약간 곤란함을 느낄 때도 있었기 때문이다(이제 이 책을 보라고 하면 되겠다, 하하).

책을 마무리하는 이 순간, 문득 '죽음'이라는 단어가 또다시 뇌리를 스쳐 지나간다. 나는 이미 이 책에서 몇 번이고 죽음을 이야기했는데, 대체 왜 그리도 죽음은 내 손끝을 벗어나지 못하는 걸까……

개인적으로 모든 것엔 끝이 있다고 생각한다. 문제는 내게 그 끝의 의미가 '죽음' 또는 '소실'이란 것이다. 내 존재가 그대로 끝이라니……? 내 존재가 사라지면 그 안에 있던 나도 같이 사라져 버리는 걸까? 영원이란 건 그렇게 존재하지 않는 채로 계속되는 걸까?

좀 더 정확하게 말하자면 내가 이 책에서 말했던 죽음은 '의식의 영원한 소실'이다. 죽음에 대한 내 공포와 두려움은 거기에서 비롯되었다. 죽음 이후의 나는 '영원히' 따사로운 햇살 아래 가득한 계절들의 냄새와 일렁이는 바람에 실려 오는 자연의 향기를 맡을 수 없고, 아름다운 바다의 풍경도 감상할 수 없고, 좋아하는 음식을 먹을 때 만끽하던 행복감도 느낄 수 없다. 나는 이 '지속되는 죽음의 상태'를 상상하기가 어렵고, 받아들이기가 두려웠다. 누군가는 죽으면 그런 생각은 하지도 못한다고 말할지 모르겠지만, 나는 이 사실이 무의식적으로 떠오를 때마다 그 생각만으로도 금세 너무나 슬프고 두려워졌다.

모두 알다시피(특정 신앙을 가진 사람들은 동의하지 않을 수도 있겠지만) 우리의 존재는 죽으면 영원히 세상에서 사라지게 된다. 쉽게 내뱉는 '영원'이라는 말의 무게는 되려 아주 무거운 것 같다. 1억 년, 100억 년, 아니 지구가 반으로 쪼개지고,

태양이 폭발하고, 우주가 다시 하나의 점으로 돌아가서 모든 게 '무無'가 되어도 영원은 계속된다. 이 영원 속에서 '지금의 나'는 죽고 나면 사라져 버린다. 영원히 돌아오지 못한다.

경찰청 국제협력관에서 최고참으로 지내던 2023년 7월, 나는 돌연 육아휴직을 신청했다(코리안데스크 파견 전만 해도 결혼 생각이 없었지만, 현재 나는 한 아이의 아빠가 되었다). 본청에서 7년이나 일했던 내게 주위에서는 곧 있으면 승진인데 제정신이냐는 말까지 했다. 당시 내게 승진이란 단순히 한 계급 더 진급하는 것뿐만 아니라 그 이상의 계급으로 나아갈 수 있는 디딤돌 같은 것이었기 때문이다.

계속 말했지만, 필리핀에서의 2년은 나를 거의 완전히 바꾸어놓았다. 내가 꿈꾸던 삶을 지키겠다는 마음과 욕심을 조금 더 내려놓고 살아도 괜찮다는 걸 알려주었다. 나는 그 2년이 알려준 '내려놓음'을 과감히 실천했다. 아이와 함께 시간을 보낼 기회가 생겼는데, 그 기회를 눈앞에서 떠나보내긴 싫었다. 솔직히 고민하지 않았다고 하면 거짓말이다. 하지만 이 유한한 삶에서 무엇이 가장 중요한지 스스로 물었을 때 그건 적어도 승진은 아니었다.

'어느 날 갑자기 내가 죽는다면 나는 그 순간 뭘 가장 먼저 떠올리며 후회할까?' 답은 쉽게 나왔다. 가족과 함께하는

앙헬레스 CIDG 앞에서 사건 관련 보고서를 읽던 어느 날

지금, 특히 내 품에 폴짝 안기는 아이의 찰나 같은 순간은 내 인생에 다신 오지 않을 때고, 내가 눈 감는 순간 마지막의 마지막 기억으로 남아 있을 것 같다는 확신이 들었다.

　지금 나는 1년 반 정도 베트남에서 살다가 얼마 전 제주도로 옮겨와 육아에 전념하고 있다. 한동안 베트남에서 진한 커피를 홀짝이며 글을 쓰거나 제주 바다를 배경 삼아 글을 쓰던 재미가 쏠쏠했는데, 당분간 그럴 일이 없을 것 같아 아쉽기도 하다. 책을 집필하며 코리안데스크 생활을 떠올리다 보니 안전한 대한민국이 얼마나 감사하던지. 기억은 고생 끝에 미화된다고, 살랑 부는 바람을 느끼며 나를 괴롭게 했던 기억들도 이번 기회에 과감히 날려보냈다.

매일 다짐해도 매일 잊어버린다. 그때마다 끊임없이 되새기며 기억하려고 애써본다. 내 삶은 무한하지 않다고, 그 유한함 속에서 감사하는 마음을 잊지 말자고 말이다. 이 책을 보는 당신에게도 그런 마음이 생겼으면 좋겠다.

마지막으로 내게 소중한 기회를 선물해 준 아내에게 고맙고 사랑한다는 말을 전하고 싶다. 초보 아빠의 서투른 육아로 고생이 많을 아들에게도 감사와 사랑을 전하고 싶다. 글을 쓰는 동안 제주엔 어느새 여름이 왔다. 하늘은 푸르고 에메랄드빛 바다는 한결같이 아름답다. 나와 우리 가족도 별일 없이 잘 지낸다. 숨도 잘 쉬고 있고, 밥도 잘 먹고 있다. 그것만으로 차고 넘치는 축복임을 다시 한번 감사하며 이만 글을 마친다.

| 코리안데스크 | 사건 부록 | 2020 |

드라마 〈카지노〉 비하인드

"이 경감님! ○○○입니다."

코리안데스크 활동을 끝내고 한국으로 귀국한 지 3년쯤 지난 2020년의 어느 날이었다. '박 사장 총기 피살사건' 당시 박 사장과 함께 카지노를 운영하던 카지노업자에게 연락이 왔다. 그는 OTT 플랫폼인 디즈니+에서 공개되었던 드라마 〈카지노〉에서 배우 최민식이 연기한 차무식의 모티브가 된 사람이다.

"제가 이번에 드라마를 한 편 찍게 됐네요."

영화 〈범죄도시〉의 강윤성 감독이 그에게 필리핀의 카지노업계에 관한 이야기를 듣고 홀딱 빠졌다고 했다. 그는 강 감독이 당시 필리핀에 파견된 한국 경찰, '코리안데스크'의 이야기를 듣고 싶어 한다고 전했다. 둘과의 만남을 흔쾌히 수락한 나는 그렇게 드라마 〈카지노〉 시나리오의 자문을 맡게 되었다.

사실 당시엔 나도 한 영화팀과 코리안데스크가 주인공인 영화 시나리오를 준비하고 있었다. 영화 PD와 시나리오 작가는 이제껏 한국 경찰 이야기가 많이 나왔지만, 해외의 한국 경찰 이야기는 없었다며 잘 만들면 반드시 대박이 날 것이라고 호언장담했다. 하지만 코로나19 팬데믹이 겹치며 영화계가 큰 타격을 받게 되었고, 엎친 데 덮친 격으로 영화 PD의 건강이 크게 나빠져 결국 영화화는 중단되었다.

그렇지만 그 당시 극장가엔 필리핀에서 발생한 사건을 베트남으로 바꾸어 개봉한 〈범죄도시 2〉, 필리핀을 배경으로 한 〈국제수사〉 등 공교롭게도 해외의 한국 경찰 활동을 그린 작품들이 쏟아졌다. 아마 그즈음 영화 제작자들의 생각이 다들 비슷했나 보다.

비록 드라마의 주인공이 코리안데스크는 아니었지만, 내 경험담을 드라마에 녹이는 작업은 꽤 재미있었다. 그렇게 시나리오 준비에 한창이던 어느 날, 강 감독과 코리안데스크에 관해 이야기하던 중 고민이 생겼다. 코리안데스크의 캐릭터를 어떻게 설정해야 좋을지 문제였다.

드라마의 메인 스토리가 필리핀의 카지노업계에 관한 이야기다 보니 코리안데스크 캐릭터가 모호해졌다. 더군다나 실제 코리안데스크는 필리핀에서 수갑을 채우는 것 같은 공권력을 발휘할 수도 없어서 현실 반영을 중요시하는 강 감독 입장으로는 극 중 코리안데스크를 '범인을 때려잡는 강인한 경찰'로 마냥 묘사할 수만도 없었다. 경찰이 수갑도 좀 채우고, 총도 좀 쏘고 해야 관객도 카타르시스를 느낄 수 있는데, 그렇게 하자니 현실과 너무 동떨어진 이야기가 되어버리는 것이었다.

캐릭터 설정을 고민하던 중 해당 캐릭터를 맡을 배우가 정해졌다는 소식이 전해졌다. 배우 손석구였다. 당시 JTBC 드라마 〈나의 해방일지〉가 방영되며 막 얼굴이 알려지고 있었을 때라 지금만큼 대중 인지도가 높지는 않았다. 나는 강 감독과 함께 처음으로 손 배우를 만났다.

서울시 강남구의 한 음식점에서 만난 손 배우는 정말 예의 바른 사람이었다. 나를 보자마자 따뜻하게 웃으며 정중하게 인사했다. 수수한 모습과 차분한 말투에서 그의 예의 바름이 한껏 묻어났다. 〈범죄도시 2〉가 개봉했을 때 손 배우가 초대해 준 덕분에 시사회도 갔는데, 영화 속에서 "너 납치된 거야"라고 말하던 서슬 퍼런 모습이, 그간 보던 모습과 너무 달라 이질감이 느껴질 정도였다.

첫 만남에서는 서로 가볍게 인사를 나누며 연락처를 주고받았는데, 내가 한창 바쁠 때였던 터라 경찰청 근처 식당에서 따로 추가 미팅 자리를 마련했다. 지금은 손 배우를 보는 게 하늘의 별 따기보다 어려워져서 그때를 떠올리면 참 새삼스럽다.

그날 손 배우는 택시를 타고 왔다. 편한 티셔츠에 모자를 푹 눌러쓴 그의 모습은 여전히 수수하고 친근한 느낌이었다. 우리는 첫 만남 때보다 훨씬 심도 있게 코리안데스크 캐릭터에 관해 이야기했다. 관객들이 기대하는 영화 속 경찰과 현실 속 경찰이 너무 달랐다. 그가 차무식과 필리핀의 카지노 업계를 강력하게 무너뜨리자니 뭔가 부자연스러웠다. 이 애매한 위치의 캐릭터를 어떻게 표현해야 좋을지 배우의 고민도 굉장히 깊어 보였다. 그날 우리는 서로의 인생을 이야기하다 미팅을 마쳤다.

"코리안데스크는 성장하는 캐릭터로 표현해 보려 해요."

며칠 뒤 손 배우가 고심 끝에 내린 결론을 알려주었다. 들어보니 강 감독이 다 때려잡는 전형적인 경찰로 그리려던 캐릭터를 손 배우가 설득하고 있는 모양이었다. 나는 손 배우가 생각한 방향이 맞다고 생각했다. 사실 내가 투철한 정의감으로 코리안데스크 파견을 지원한 것도 아니지 않은가. 국제공조의 뜻도 모른 채 단순히 해외 파견이란 환상만 좇아 지원해, 필리핀 경찰과 부대끼며 맨땅에 헤딩하듯 하나씩 배워나가야 했다. 그리고 그 과정에서 범죄자에 대한 분노와 피해자를 향한 슬픔, 삶과 죽음에 대한 고뇌, 총기에 대한 공포 등을 느꼈고, 이로써 좀 더 성숙한 경찰관이 될 수 있었다고 생각했다. 손 배우도 아마 그날의 대화에서 이런 것들을 발견한 것일지 모른다.

손 배우는 코리안데스크의 실제 활동과 좀 다르게 묘사될 수도 있으니 미리 죄송하다는 말씀을 드리고 싶다고 말했다. 드라마는 드라마다. 그러니 손 배우가 미안해할 일은 전혀 아니었다. 오히려 먼저 그렇게 말해주어서 내가 더 고마움을 느꼈다.

시간이 지나 〈카지노〉의 필리핀 로케이션 촬영이 끝났다는 소식이 들렸다. 강 감독은 드라마의 인트로 영상을 보내주며 여기에 혹시 넣을 만한 사진이나 영상 같은 게 있을지 물었다. 내가 활동하던 사진이 있다면 인트로 영상에 넣고 싶다고도 제안했다. 나는 '필리핀 사탕수수밭 한국인 피살사건'의 사진들과 적색수배자들을 검거할 때 찍은 영상, 앙헬레스 CIDG 앞에서 찍은 사진 등을 보내주었다. 〈카지노〉 인트로 영상에 나오는 이미지 중 몇 개는 내가 보낸 사진들이다(이 책에도 몇 장 수록했다).

내가 주변 사람들에게 "요즘 드라마 작업 중이야"라고 말할 때는 아무도 감흥이 없더니 최민식, 손석구, 이동휘 등 내로라하는 배우들의 캐스팅 소식이 알려지자 여기저기서 질문이 쏟아졌다. 역시 배우의 힘은 대단했다.

"드라마라서 실제 사건보다 내용이 좀 과장된 거죠? 실제로 저렇진 않죠?"

"드라마에 나오는 사건들, 진짜예요?"

"너 진짜로 총 샀어? 총격전도 있었고?"

진짜 코리안데스크 눈에 드라마 〈카지노〉에 나오는 사건들의 맵기는 '신라면' 정도다. 그렇지만 피도 튀기고, 암투도 존재하고, 총도 나오니 일반 대중에게는 살짝 매웠을 것이다. 참고로 실제 필리핀 현장의 맵기는 '불닭볶음면' 정도 된다고 할 수 있겠다.

지면상 책에서 다루지는 못했지만, 중국인들과 필리핀인들 간에 문제가 생겨 중국인들이 갈등이 있던 필리핀인들을 죽인 뒤 가죽을 벗겨 도심 한복판에 걸어둔 적도 있다는 이야기를 듣기도 했다. 나 또한 활동 당시 필리핀 경찰 마흔네 명이 반군 세력에게 몰살당한 적이 있었다. 식당이나 차 안에서 총을 맞아 죽은 사례는 차고 넘쳤다.

사무실에 '한국 책상'이라고 적혀 있던 장면, 앙헬레스 CIDG와 다투던 장면, 카지노에서 도박 장면을 몰래 촬영하던 장면 등 사탕수수밭 피살사건이나 박 사장 총기 피살사건 외에도 다양한 사례들이 드라마에 반영되었다. 나와 가장 친했던 CIDG의 팀장, 잘만은 극 중에서 마크 플로네스라는 캐릭터가 되었다.

코리안데스크 활동 당시 나는 차무식의 실제 모델이었던 카지노업자와 호텔 앞 야외 잔디밭에서 테이블과 의자를 펼치고 앉아 휴대용 가스버너에 뜨끈한 탕을 올려 함께 소주를 마신 적이 있다. 글을 쓰면서 〈카지노〉를 떠올리다 보니 그날의 분위기가 생각난다. 〈카지노〉는 실제로 필리핀 현실을 정말 잘 반영한 드라마다. 그러니 혹시나 아직 보지 않은 사람이 있다면 꼭 한 번 보시라. 이 책과 비교하며 봐도 재미있을 것이다.

악은 성실하다
국경 너머의 무법지대, 코리안데스크의 범죄 추적기

초판 1쇄 발행 2025년 7월 30일
초판 2쇄 발행 2025년 9월 4일

지은이 이지훈
펴낸이 김선식

부사장 김은영
콘텐츠사업본부장 박현미
책임편집 최유진　**책임마케터** 오서영
콘텐츠사업9팀장 차혜린　**콘텐츠사업9팀** 최유진, 노현진
마케팅1팀 권오권, 오서영, 문서희
미디어홍보본부장 정명찬
브랜드홍보팀 오수미, 서가을, 김은지, 이소영, 박장미, 박주현
채널홍보팀 김민정, 정세림, 고나연, 변승주, 홍수경
영상홍보팀 이수인, 염아라, 김혜원, 이지연
편집관리팀 조세현, 김호주, 백설희　**저작권팀** 성민경, 이슬, 윤제희
재무관리팀 하미선, 임혜정, 이슬기, 김주영, 오지수
인사총무팀 강미숙, 이정환, 김혜진, 황종원
제작관리팀 이소현, 김소영, 김진경, 이지우, 황인우
물류관리팀 김형기, 김선진, 주정훈, 양문현, 채원석, 박재연, 이준희, 이민운
외부스태프 디자인 studio forb

펴낸곳 다산북스　**출판등록** 2005년 12월 23일 제313-2005-00277호
주소 경기도 파주시 회동길 490 다산북스 파주사옥
전화 02-704-1724　**팩스** 02-703-2219　**이메일** dasanbooks@dasanbooks.com
홈페이지 www.dasan.group　**블로그** blog.naver.com/dasan_books
종이 스마일몬스터　**인쇄·제본** 상지사　**코팅·후가공** 제이오엘앤피

ISBN 979-11-306-6858-1 (03810)

· 책값은 뒤표지에 있습니다.
· 파본은 구입하신 서점에서 교환해드립니다.
· 이 책은 저작권법에 의하여 보호를 받는 저작물이므로 무단 전재와 복제를 금합니다.

다산북스(DASANBOOKS)는 책에 관한 독자 여러분의 아이디어와 원고를 기쁜 마음으로 기다리고 있습니다.
책 출간을 원하는 분은 다산북스 홈페이지 '원고 투고' 항목에 출간 기획서와 원고 샘플 등을 보내주세요.
머뭇거리지 말고 문을 두드리세요.